S. FISCHER

Josef Haslinger

Mein Fall

S. FISCHER

Originalausgabe

Erschienen bei S. FISCHER
3. Auflage Februar 2020

© 2020 S. Fischer Verlag GmbH,
Hedderichstr. 114, D-60596 Frankfurt am Main

Satz: C.H.Beck.Media.Solutions, Nördlingen
Druck und Bindung: CPI books GmbH, Leck
Printed in Germany
ISBN 978-3-10-030058-4

1

Nachdem ich jahrelang entschlossen gewesen war, es nicht zu tun, wandte ich mich am 25. November 2018 an die *Unabhängige Opferschutzanwaltschaft*, eine *Initiative gegen Missbrauch und Gewalt*. Sie war nach dem Bekanntwerden einer Fülle von Missbrauchsfällen in der katholischen Kirche Österreichs vom Wiener Kardinal Schönborn gegründet worden. Es gibt sie schon seit 2010. Ich hatte acht Jahre lang gezögert, vor dieser Institution über die Vorkommnisse in meiner Kindheit auszusagen. Aber nun war ich dazu bereit.

Wer sich auf der Website der *Unabhängigen Opferschutzanwaltschaft* umsieht, kann leicht in Verwirrung geraten, weil dort noch von einer zweiten Institution, nämlich von der *Unabhängigen Opferschutzkommission* die Rede ist. Allerdings scheinen beide Institutionen dem gleichen Ziel zu dienen.

Die Unabhängige Opferschutzanwaltschaft und die Unabhängige Opferschutzkommission, so steht da zu lesen, *ergreifen und beschließen Maßnahmen und Initiativen – insbesondere auch finanzielle und therapeutische – im Interesse von Betroffenen, die im Kindes- oder Jugendalter Opfer von Missbrauch oder Gewalt durch VertreterInnen und Einrichtungen der katholischen Kirche in Österreich geworden sind.* www.opfer-schutz.at

In welchem Verhältnis diese beiden Institutionen zueinander stehen, wird auf der Website folgendermaßen erklärt: *Die Unabhängige Opferschutzanwaltschaft wird von Waltraud Klasnic geleitet, die sich bei ihren Aktivitäten auf die Entscheidungen und Empfehlungen der Unabhängigen Opferschutzkommission stützt, deren Vorsitzende sie ist.*

Waltraud Klasnic, die ehemalige Landeshauptfrau der Steiermark, steht also einer Kommission vor, die für eine andere Institution, die sie ebenfalls leitet, Entscheidungen trifft und Empfehlungen abgibt. So verwirrend mir das einerseits vorkam, so klar war andererseits, wer hier die eigentliche Zuständigkeit für meinen Fall haben musste, nämlich die von den Medien meist als *Klasnic-Kommission* bezeichnete *Unabhängige Opferschutzkommission*, die ja nicht nur aus ihrer Vorsitzenden besteht, sondern, wie es auf der Website weiter heißt, *aus angesehenen und fachlich kompetenten Persönlichkeiten vor allem aus den Bereichen Recht, Psychologie, Medizin, Pädagogik und Sozialarbeit.*

Und dann werden diese Persönlichkeiten aufgezählt. Die Liste beginnt mit Dr. Brigitte Bierlein, der Präsidentin des Verfassungsgerichtshofes. Ihr Eintrag wurde sieben Monate später mit der zusätzlichen Bemerkung versehen, sie habe *ihre Mitgliedschaft in der Kommission für die Zeit ihrer Tätigkeit als Bundeskanzlerin ruhend gestellt.*

Außer Brigitte Bierlein waren noch sechs weitere Persönlichkeiten als Mitglieder der *Unabhängigen Opferschutzkommission* aufgelistet: Univ.-Prof. Dr. Reinhard Haller, ein Psychiater und Neurologe, Hon.-Prof. Dr. Udo Jesionek, der Präsident der größten Opferhilfsorganisation ›Weißer Ring‹, Mag. Ulla Konrad, die langjährige Präsidentin des Berufsverbandes Österreichischer Psychologinnen und Psychologen, Dr. Werner Leixnering, der einstige Leiter der Abteilung für Jugendpsychiatrie der Landes-Nervenklinik in Linz, Mag. Caroline List, die

Präsidentin des Landesgerichts für Strafsachen Graz, sowie Dr. Kurt Scholz, der ehemalige Präsident des Wiener Stadtschulrats und danach der Restitutionsbeauftragte der Stadt Wien.

Als ich mich auf der Website der *Unabhängigen Opferschutzkommission* umsah, war ich womöglich etwas voreilig. Ich las, dass die Kommissionsmitglieder für *Gespräche, rechtliche und psychologische Beratung, generelle Empfehlungen und Vorschläge* sowie für die *Dokumentation* zuständig seien, und wähnte mich an der richtigen Stelle. Vor allem die Dokumentation war mir wichtig geworden. Ich wollte, dass mein Fall von einer offiziellen Institution dokumentiert wird.

Aber an welche Persönlichkeit sollte ich mich wenden? Auf der Website waren die Mail-Adressen aller Kommissionsmitglieder angeführt. Ich nahm einfach die erste Adresse, die von Frau Dr. Brigitte Bierlein, der Präsidentin des Verfassungsgerichtshofs. Ich wusste nichts über sie, aber ihr Amt vermittelte den Nimbus von Korrektheit und Überparteilichkeit. Hätte ich in Ruhe weiter recherchiert, hätte ich erfahren können, dass ich letztlich weder vor der *Unabhängigen Opferschutzanwaltschaft* noch vor der *Unabhängigen Opferschutzkommission* aussagen sollte, sondern vor der von der Erzdiözese Wien eingerichteten *Ombudsstelle für Opfer von Gewalt und sexuellem Missbrauch in der katholischen Kirche*. Aber das wusste ich nicht, denn ich hatte nicht die nötige Ruhe, alles durchzulesen, als ich nach Jahren der Weigerung, dies zu tun, am Abend des 25. November 2018 eine Mail an Brigitte Bierlein schrieb und dabei schon im ersten Satz zu erkennen gab, dass mir die Unterscheidung zwischen *Opferschutzanwaltschaft* und *Opferschutzkommission* noch nicht geläufig war. Ich schrieb:

Ich wende mich an Sie als Mitglied der Unabhängigen Opferschutzanwaltschaft. Nach langem Zögern habe ich mich nun entschlossen, über den sexuellen Missbrauch, der mir in jungen Jahren als Sänger-knabe im Zisterzienserkloster Stift Zwettl widerfahren ist, auszusa-gen. Ich bitte Sie freundlichst um eine Terminvereinbarung für ein vertrauliches Gespräch.

Sie antwortete mir schon zwanzig Minuten danach:

Zunächst möchte ich mich für Ihr Vertrauen und Ihren Mut zu einer Aussage bedanken.

Grundsätzlich werden die Erstgespräche nicht von den Kommis-sionsmitgliedern geführt. In Ihrem Fall würde ich aber eine Ausnahme machen, wenn Sie das wünschen.

Bitte allerdings um Verständnis, dass ich wegen unserer Session im Verfassungsgerichtshof, die morgen beginnt und bis 14. Dezember dauert, leider erst einen Termin danach vereinbaren kann.

Mit Ihrem Einverständnis würde ich Herrn Professor Herwig Hösele, der die Sekretariatsarbeit in der Kommission verrichtet, er-suchen, Sie über unsere (diskrete) Vorgangsweise bzw. den nun schon langjährigen Ablauf (die Kommission arbeitet seit 8 Jahren) zu infor-mieren.

Beste Grüße

Brigitte Bierlein

Ich war erfreut über die schnelle Antwort. Zwar wurde ich von Brigitte Bierlein darüber belehrt, dass die Erstgespräche nicht von den Kommissionsmitgliedern geführt würden, aber sie hatte mir gleichzeitig angeboten, für mich eine Ausnahme zu machen. Der von ihr genannte Prof. Herwig Hösele, der mich über die Vorgangsweise informieren sollte, hat nie Kon-takt mit mir aufgenommen. Dafür bekam ich von Brigitte Bierlein eine gute halbe Stunde später erneut eine Mail:

Nach Durchsicht unserer Sessionstermine könnte ich Ihnen doch noch diesen Freitag 29.11. zwischen 13.45h und 14.45h oder Sams-tag 30.11. zwischen 13h und 15h anbieten.

Bevor ich schlafen ging, antwortete ich:

Ich bin überrascht, wie schnell Sie reagiert haben. Leider werde ich ausgerechnet am kommenden Wochenende nicht nach Wien kommen.

Am nächsten Morgen fand ich erneut eine Mail von Brigitte Bierlein vor:

Ginge Freitag 7.12. zwischen 11.30h und 14h? … Wenn ich nicht gleich antworte, gehen Mails in der Vielzahl »unter«, (auch) deshalb rasche Reaktion …

Sie gab mir auch noch ihre Handynummer, was ich nur als besonderen Vertrauensbeweis verstehen konnte. Den neuen Termin konnte ich ihr bestätigen. Jahrzehntelang hatte ich es abgelehnt, bei einer offiziellen Stelle zu dokumentieren, was mir als Kind im Zisterzienserkloster Stift Zwettl widerfahren ist. Ich hätte das Gefühl gehabt, mich zu wichtig zu nehmen und mit diesem Schritt auch noch anderen ihr Leben zu zerstören. Aber an diesem 25. November, einem Sonntag, der in den evangelischen Kirchengemeinden als »Totensonntag« begangen wird, hatte ich den ganzen Tag lang recherchiert, wer von den Tätern, die ich nunmehr zu benennen gedachte, noch lebte und wer schon gestorben war. Ich hatte herausgefunden, dass mittlerweile alle Erziehungsberechtigten, die in meiner Sängerknabenzeit sexuellen Kontakt zu mir gesucht hatten, tot waren. Das hatte es mir erleichtert, meinen in den Tagen davor gereiften Entschluss nun auch wirklich umzusetzen.

Ich schaute mich noch einmal auf der Website der Klasnic-Kommission um und sah meinen Irrtum, was die Zuständigkeit für die »Erstaussage« betrifft, bestätigt. Aber ich hatte Glück gehabt. Unversehens war ich in eine privilegierte Lage geraten. Ich war die Ausnahme. Ich würde mich nicht zur *Ombudsstelle für Opfer von Gewalt und sexuellem Missbrauch in der katholischen Kirche* der Erzdiözese Wien begeben müssen, meine

Aussage würde im Haus der respektabelsten demokratischen Rechtsinstitution von deren Präsidentin zur Kenntnis genommen werden.

In der Nacht vor meiner Aussage, als die Erinnerungen an meine Sängerknabenzeit mich lange wach hielten, kam ich auf die Idee, dass ich Fotos mitbringen sollte. Und so stand ich früh auf, um ein altes Plastiksackerl zu suchen, in dem, wie ich mich zu erinnern meinte, neben Ausgaben der *St. Pöltner Kirchenzeitung* mit Fotos unserer Konzertreisen, auch Briefe, Ansichtskarten und Bilder aus der Sängerknabenzeit verwahrt sein müssten. Darunter müsste sich wohl auch das Foto von Pater Gottfried finden, das er einem Brief beigelegt hatte. Aber ich fand dieses Sackerl nicht. Als ich meiner Frau erzählte, wonach ich suchte, holte sie aus einem der obersten Fächer des Wäschekastens, das nur mit Hilfe einer Stehleiter erreichbar war, eine Schachtel hervor, in der sich Kindheitsfotos von mir befanden, darunter auch das gesuchte Foto von Pater Gottfried und eines von Pater Bruno. Aber vom Plastiksackerl nach wie vor keine Spur.

Während ich in der Schachtel herumkramte, stieß ich auf ein Bild, das mich im Alter von zwölf Jahren in weißem Hemd, Krawatte und der Festtags-Uniform der Zwettler Sängerknaben, zusammen mit meinen Eltern und dreien meiner Geschwister, zeigt. Wir stehen auf den flachen Stufen eines Kirchenportals. Auf meinem Festtagssakko mit den vier im Quadrat angeordneten goldenen Knöpfen prangt auf der linken Brustseite das Wappen von Stift Zwettl. Meine Eltern mussten wohl ein Konzert besucht haben, in dessen Anschluss es mir gestattet war, eine Weile mit ihnen zu sein. Die zwei jüngsten Brüder sind nicht auf dem Foto. Der eine war damals noch ein Baby und vermutlich bei der Großmutter zu Hause gelassen worden, der andere war noch gar nicht auf der Welt.

Dieses Foto steckte ich ebenfalls in die Innentasche meines Mantels, weil es mich in dem Alter zeigt, über das ich auszusagen gedachte, und weil bei dem Gespräch mit Brigitte Bierlein möglicherweise ja auch meine Herkunft eine Rolle spielen könnte.

Und so fuhr ich am Freitag, dem 7. Dezember, morgens mit der Straßenbahn zur Freyung, wo sich das Gebäude des Verfassungsgerichtshofs befindet. Um diese Jahreszeit standen dort aber auch die Verkaufs- und Ausschankbuden eines beliebten Wiener Weihnachtsmarktes, bei denen, als ich ankam, gerade die letzten Vorhängeschlösser geöffnet und die Absperrbretter zur Seite geschafft wurden. Ich war zu früh dran und schlenderte ziellos und seltsam blind für die angebotenen Waren von einem Stand zum nächsten. Vor dem Palais Ferstel hatten die österreichischen Winzer ihre Verkaufsstände. Dort hatten sich schon die ersten Weintrinker eingefunden. Nur einer der Stände war noch frei von Kunden. Ich kaufte mir ein Achtel Riesling und ging in den angrenzenden, aus groben Brettern zusammengezimmerten Verschlag, weil dort auf dem Stehtisch ein Aschenbecher stand. Während ich eine Zigarette rauchte und in kleinen Schlucken den Riesling trank, vergewisserte ich mich, dass die drei Fotos noch in der Innentasche meines Mantels steckten. Ich schaute sie mir noch einmal an, und da kam mir in den Sinn, ich sollte mich im Gespräch ganz auf die Darstellung der sexuellen Übergriffe und Gewalttaten konzentrieren und die Dokumentation nicht unnötig mit Ausschweifungen über meine Familie anreichern. Und so steckte ich die Fotos der beiden Patres in meine Sakkotasche, ließ das Familienfoto aber im Mantel, den ich im Gebäude des Verfassungsgerichts gewiss ablegen würde. Fünf Minuten vor halb zwölf machte ich mich auf den Weg, mit einem Kaugummi im Mund, den ich beim Imbissstand unmittelbar vor dem Verfassungsgerichtshof in den Abfallkorb spuckte. Bevor ich eintrat, blickte ich kurz hoch. Das Gebäude sah aus, als wollte es einen Renaissance-Palazzo imitieren. Der wiederum die Antike imitierte. Jedenfalls betrat ich das Gebäude durch einen römischen Portikus.

Nach der Anmeldung beim Empfang wurde ich von einer jungen, adrett gekleideten Frau abgeholt. Während wir durch das prächtige, holzgetäfelte Treppenhaus einen Stock nach oben zu den Amtsräumen der Präsidentin gingen, nahm ich mir fest vor, sachlich, ruhig und konzentriert zu sprechen und mir meine Nervosität nicht anmerken zu lassen.

2

Die *Unabhängige Opferschutzanwaltschaft* existierte seit über acht Jahren, aber ich hatte nie das Bedürfnis gehabt, dort meinen Fall zu Protokoll zu geben. Ich gab, wenn ich von Freunden darauf angesprochen wurde, warum ich nicht aussagen wolle, zynische Antworten: Ach, das ist ewig her. Irgendwer muss einen ja in die Sexualität einführen – bei mir waren es halt Zisterziensermönche.

Der Druck, mich selbst mit solchen Antworten nicht zufriedenzugeben, wuchs. Und dann waren es aber letztlich nicht die vielen psychologisierenden Menschen, die mich umgaben, sondern es war eine Begegnung mit zwei Unbekannten, die meinen Entschluss, vor dieser Kommission nicht auszusagen, innerhalb weniger Tage ins Wanken brachte. Auf dem Weg nach Berlin saß ich in einer der Abflughallen des Wiener Flughafens. Da fielen mir zwei Zisterziensermönche auf, gekleidet in ihren weißen Habit mit schwarzem Skapulier, die im Gespräch auf und ab gingen. Es ergab sich, dass ich am Gate direkt hinter ihnen stand. Ich fragte sie, ob sie vom Kloster Heiligenkreuz kämen. Es war eine naheliegende Vermutung. Die Mönche von Heiligenkreuz sind für die internationale Vermarktung von gregorianischem Choral bekanntgeworden. Warum sollte das im Kulturprogramm von Berlin keinen Platz haben? Und ich hatte mich nicht geirrt. Der eine war noch jung, kaum älter als dreißig, den anderen schätzte ich auf etwa sechzig Jahre. Ich fragte die beiden, ob Pater Gottfried noch lebe.

»Nein«, sagte der Ältere der beiden. »Pater Gottfried ist vor vier Jahren gestorben. Haben Sie ihn gekannt?«

»Er war mein Religionslehrer. In Stift Zwettl.«

»Sie haben ihn gemocht, nehme ich an.«

»Ja, ich habe ihn gemocht.« Nach einem Moment fügte ich hinzu: »Warum fragen Sie das? Sie wissen, dass er damals nicht freiwillig nach Heiligenkreuz gegangen ist.«

Daraufhin wandte sich der Ältere der beiden von mir ab und hatte es eilig, durchs Gate zu kommen. Der Jüngere blieb bei mir stehen. Nach einer kurzen Weile der Unbehaglichkeit sagte er: »Ich war sein Beichtvater. Gottfried tat sich schwer, mit dem Leben abzuschließen.« Ich konnte es nur so deuten, dass er verstand, worauf ich angespielt hatte.

Diese Begegnung löste einen dieser Schübe in mir aus, bei denen ich, wie aus dem Nichts heraus, damit beginne, mich, auch öffentlich, mit meiner Missbrauchsgeschichte zu befassen. Ich hatte das schon dreimal erlebt und immer hatte es mit Pater Gottfried zu tun gehabt. Aber dieses Mal war etwas ganz und gar anders. Ich hatte erfahren, dass Pater Gottfried nicht mehr lebt.

Und so begann ich, eine neue Erzählung zu schreiben, eine, in der Pater Gottfried nicht Pater G. heißt, wie in dem ersten Text, den ich über den sexuellen Missbrauch eines Jungen verfasst habe, sondern so, wie er in Wirklichkeit geheißen hat. Die Geschichte sollte einerseits als Erzählung funktionieren und etwas von dem haben, was ich mir unter Spannung vorstellte, aber sie sollte auch ganz nahe bei meiner Erinnerung an die Begegnungen mit Pater Gottfried sein.

Mit ihm hat alles begonnen, er hat mich in ein Dilemma gebracht, das, wie ich mir eingestehen muss, bis heute anhält.

Ich war zehn Jahre alt, als Pater Gottfried Eder sich für meinen kleinen Penis zu interessieren begann und dabei ganz offensichtlich in Erregung geriet. Ein Zustand, den man als Zehnjähriger eigentlich nicht kennt, wenn man nicht das Pech hatte, von seinen Eltern mit deren Sexualität belästigt worden zu sein. Es hat eine Weile gedauert, bis Pater Gottfried sich die intime Annäherung traute. Als er merkte, dass ich es zuließ, suchte er nach Gelegenheiten, die Spielchen zu wiederholen und, wenn möglich, ein wenig auszuweiten.

Ich ging mehrere Etappen mit. Es kam mir nicht in den Sinn, ernsthaft dagegen etwas zu unternehmen. Ich hätte Angst gehabt, die Aufmerksamkeit und Zuwendung von Pater Gottfried zu verlieren. Ich sprach auch mit niemandem darüber. Ich hatte, in meiner damaligen Wahrnehmung, eine Art väterlichen Freund gefunden. Einen Erzieher, der mich nicht schlug und der sich für meine Probleme interessierte. Einen, der mich tröstete, wenn andere mich hänselten oder verdroschen.

Hinzu kam, dass Pater Gottfried in der Zeit, in der er mit mir sexuellen Kontakt aufnahm, auch mein Religionslehrer wurde. Es war damals mein sehnlicher Wunsch, Priester zu werden. Ich hatte das mit meiner Mutter so vereinbart und mich mit diesem kindlichen Gedanken ganz und gar angefreundet.

In meiner Heimatpfarre in Etzen war ich in der Volksschulzeit Ministrant gewesen, und danach, als ich schon Sängerknabe war, teilte mich der neue Pfarrer in den Ferien gerne als Lektor ein. Ich hatte eine enge Bindung an die Pfarre. Wenn wir als Sternsinger tagelang im Schnee durch die Streusiedlungen stapften, wurden wir am Abend, während Pater Gilbert schon das Geld zählte, von der Pfarrersköchin mit einem Gulasch verpflegt.

Pater Gilbert kam mit meiner Mutter überein, dass ich zu

Höherem berufen sei, womöglich zum Priesteramt. Ich dachte mir, dass ich vielleicht Missionar werden könnte. Ich bekam damals kaum Taschengeld. Aber manchmal, an Geburtstagen, zum Kirtag, bei der Erstkommunion, machten meine ländlichen Verwandten, durchwegs kleine Bauern, mit Geldgeschenken auf sich aufmerksam. Einen Teil davon legte ich zurück. Einmal im Jahr spendete ich dieses Geld an die Mission *St. Gabriel* in Mödling. Das tat ich auch noch in der ersten und zweiten Klasse in Stift Zwettl. Ich bekam Dankesbriefe von der Missionsprokur. Zum Beispiel am 2. September 1966:

Lieber Josef!

Ein herzliches VERGELT'S GOTT sprechen wir Dir aus für Deine so wertvolle Missionsspende. Sie wird ganz nach Deiner Meinung verwendet. Möge Dich der gute Gott reichlich belohnen für Deine der Mission geleistete Hilfe, da es uns im Verein mit anderen Gaben ermöglicht wird, das Reich Gottes unter den Heiden immer mehr auszubreiten und zu festigen!

Unsere Missionare an der Front des Reiches Gottes auch fürderhin Deinem und Deiner Freunde Wohlwollen empfehlend, verbleiben wir mit der Zusicherung des Gebetes unserer ganzen Klostergemeinschaft für Dich und Deine Anliegen

> *mit vielen herzlichen Grüßen*
> *herzlich dankbar Deine*
> *i. V. Pia*

Ein halbes Jahr später, am 28. Februar 1967, als die Berührungen meiner Geschlechtsteile durch Pater Gottfried längst im Gange waren, wurde ich in einem Brief aus St. Gabriel erstmals gesiezt:

Sehr geehrter Herr Haslinger!

Von Herzen danken wir Ihnen für Ihre Missionsgabe, die Sie uns dieser Tage zukommen liessen (sic!). Gott, der Vergelter alles Guten,

segne Sie hierfür und beschütze Sie hier auf Erden und sei Ihnen
nach Ihrem dereinstigen Tod Ihr überreicher Lohn!

Auf alles müssen wir mit unserem Tod verzichten. Nichts können
wir in die Ewigkeit mitnehmen. Nur die guten Werke folgen uns und
helfen uns, die ewige Glückseligkeit zu erhöhen. Die Missionen zu
unterstützen, mitzuhelfen an der Rettung unsterblicher Menschen-
seelen, ist, wie sich einmal ein Kirchenlehrer ausdrückte, das gött-
lichste aller guten Werke. Darüber dürfen Sie sich mit Recht freuen.
Denn Sie haben hier auf Erden mitgebetet und mitgeopfert für die
Ausbreitung des Reiches Gottes.

Mit dem Versprechen, Ihrer und Ihrer Anliegen und Sorgen beim
hl. Messopfer stets zu gedenken, grüssen (sic) wir Sie
in der Liebe Christi

Die Unterschrift ist unleserlich. Und ich wäre damals natürlich nicht auf den Gedanken gekommen, dass der Absender
womöglich gar nicht auf mein Alter geachtet und einfach den
falschen Schimmelbrief abgetippt hat. Ich wurde mit Sie angesprochen. Gewiss das erste Mal in meinem Leben.

Es wird wohl nicht viele andere Organisationen geben, die
ihren Spendern ein angenehmeres Leben im Jenseits in Aus-
sicht stellen. »Wenn das Geld im Kasten klingt, die Seele in den
Himmel springt«, soll der Leipziger Dominikanermönch Jo-
hann Tetzel im frühen 16. Jahrhundert behauptet haben, als er
mit seiner Truhe, dem sogenannten Tetzelkasten, landauf und
landab zog, um Geld für den Neubau des Petersdoms und für
seinen verschuldeten Erzbischof Albrecht von Brandenburg
zu sammeln. Was ihm den besonderen Zorn Martin Luthers
eingetragen hat.

Für das Leben nach dem Tod war auch mein damaliger
Religionslehrer, Pater Gottfried, zuständig. Ich kann mir gut
vorstellen, dass ich ihm den Brief aus St. Gabriel gezeigt habe,
ganz gegen das Gebot, dass man sich mit guten Taten nicht

brüsten darf. Aber Pater Gottfried war nicht irgendwer, er war mein persönlicher religiöser Berater, mein spiritueller Vater, der mich dazu ermunterte, ihm ganz meine Seele zu öffnen.

Dreimal in der Woche sangen wir in der Morgenandacht gemeinsam mit den Mönchen gregorianischen Choral, an den Sonntagen waren wir für die musikalische Gestaltung des Hochamts zuständig, das die im Kloster anwesenden Priester gemeinsam zelebrierten. An Feiertagen sangen wir eine der klassischen lateinischen Messen.

Häufig ging ich selbst an den »freien« Tagen, wenn ich nicht als Ministrant eingeteilt war, zur Messe. Im sogenannten »Schott«, einem Gebetbuch, das ich von meinem Patenonkel Franz zur Firmung in Maria Dreieichen geschenkt bekommen hatte, las ich die deutschen Übersetzungen der lateinischen Liturgie mit. Ich glaube, sagen zu können, dass ich damals tief religiös war. Entsprechend war der Religionslehrer für mich eine umfassende Autorität.

Seit ich im Alter von sieben Jahren bei der Erstkommunion zum Bußsakrament zugelassen worden war, ging ich regelmäßig beichten. Zur gründlichen Gewissenserforschung diente mir ein sogenannter Beichtspiegel, in dem die Zehn Gebote Gottes in eine Vielzahl von Untergeboten zergliedert wurden, von denen eine erstaunliche Anzahl für mein junges Leben Bedeutung hatte. Jedes Mal fand sich auf meinem Beichtzettel auch die Formulierung »Ich habe Unkeuschheit getrieben«. Und meist wollte der Beichtvater wissen, was genau vorgefallen war. Durch das Gitter, das im Beichtstuhl meinen Mund vom Ohr des Beichtvaters trennte, flüsterte ich, ich hätte neugierig auf das Geschlecht anderer Menschen geblickt, mein Glied unnötig berührt und im Beisein anderer Kinder unkeusche Worte verwendet. Auch wenn ich mir, während ich zur Buße ein paar Vaterunser und Gegrüßet-seist-du-Maria betete, fest vornahm, diese Sünden nicht mehr zu begehen, fanden sie sich das nächste Mal wieder auf meinem Beichtzettel.

Im Kloster war einmal im Monat Beichttag. Wir wurden in mehrere Gruppen aufgeteilt und es gab dabei immer ein kleines Gerangel, wer welchem Mönch zugewiesen wurde. Ich meine, mich zu erinnern, dass ich mit Pater Gottfried erstmals bei dieser Gelegenheit, im Beichtstuhl, in Kontakt gekommen bin. Im Alter von zehn Jahren, in der ersten Klasse. Er war als frisch geweihter Priester aus Heiligenkreuz gekommen und suchte nach Aufgaben im Umfeld der Sängerknaben. Beichtvater war eine seiner ersten Positionen. Ausgangsbegleitung der Sängerknaben eine andere. Dann Religionslehrer. Ich fasste schnell Zutrauen zu ihm.

Mit meinen permanenten Sünden gegen das sechste Gebot gab ich ihm einen guten Anknüpfungspunkt für spätere vertiefende Gespräche, etwa während des gemeinsamen Ausgangs oder während seiner Aufsicht über unsere Abendfreizeit. Er fand seine Buben. Aber es waren nur ein paar Ausgewählte. Die Mehrheit der Sängerknaben hatte damit nichts zu tun. So jedenfalls stellt es sich für mich dar. Die meisten wollten auch nicht zu ihm beichten gehen. Er war ihnen zu süßlich, zu anbiedernd. Man muss auf so einen Charakter auch hereinfallen. Ich hatte die richtigen Voraussetzungen dafür. Pater Gottfried hätte nicht jeden beliebigen Zögling verführen können. Ich weiß nicht, wie viele Fehlversuche er unternommen und dabei vielleicht ein Wissen über Anfälligkeitsmerkmale der Zöglinge entwickelt hat. Von meiner Seite gab es jedenfalls lange keinen Widerstand. Später allerdings entwickelte ich, wenn sich bestimmte physische Handlungen anbahnten, deren Vorstellung bei mir mit Gefühlen des Ekels verbunden war, erkennbaren Widerstand, so dass es zu diesen Handlungen nur andeutungsweise kam. Heute denke ich, er war bedacht darauf, seine Buben möglichst lange zu behalten, damals dachte ich, er sei ein einfühlsamer Mensch, der auf mich Rücksicht nimmt.

Als Pater Gottfried in der zweiten Klasse unser Religionslehrer wurde, schied er als Beichtvater aus. Irgendwann muss das so festgelegt worden sein, dass der Religionslehrer nicht gleichzeitig der Beichtvater sein sollte. Der Nachfolger von Pater Gottfried war Pater Hadmar, den wir in der ersten Klasse als Religionslehrer gehabt hatten. Bei ihm ging das Beichten am schnellsten. Er nahm die Sünden, die man ihm erzählte, nicht tragisch und hatte auch kein Bedürfnis, lange darüber zu plaudern. Aber er neigte zur Verhängung ausführlicher Bußen.

Der beliebteste Beichtvater war Pater Bernhard, ein alter Mann mit Hörapparat, der die Sünden hinnahm, wie man sie aufsagte, und gänzlich aufgehört hatte nachzufragen, dafür aber am Ende jeweils eine kleine Predigt hielt, meistens eine ermunternde Bibelexegese zu den guten Chancen des Sünders, doch noch voranzukommen. Ich ging Monat für Monat zum alten Pater Bernhard beichten. Jedes Mal musste ich sagen »ich habe Unkeuschheit getrieben in Gedanken, Worten und Werken«, aber ich beließ es bei dieser allgemeinen Formulierung, ohne Pater Gottfried zu erwähnen. Das war auch nicht nötig, weil der mir längst versichert hatte, dass seine Berührungen gottgefällig seien und nichts mit Unkeuschheit zu tun hätten.

Es gibt ein kleines, eigentlich unbedeutendes Detail in dieser biographischen Verquickung von Religion und Sexualität, das meine Phantasie damals derart intensiv beschäftigte, dass es mir bis heute nicht aus dem Sinn gehen will. Als ich neun Jahre alt war und schon feststand, dass ich ins Sängerknabenkonvikt nach Stift Zwettl kommen sollte, natürlich nur, wenn ich im Sommer die Aufnahmeprüfung noch schaffte, empfahl

Pater Gilbert meiner nicht streng-, aber doch tiefgläubigen Mutter, mich, bevor ich mit den anderen Sängerknaben zusammenkäme, im katholischen Sinne aufzuklären. Er gab ihr ein Büchlein – wahrscheinlich musste sie es erstehen –, in dem Kapitel für Kapitel verzeichnet war, was mir gesagt werden sollte.

Nun war ich, als Bauernkind, mit dem Sexualakt wohl vertraut. Wir sahen unseren Haustieren nicht nur beim Vermehren zu, wir begannen schon in jungen Jahren, Assistenzdienste zu leisten. Ich war vielleicht sieben oder höchstens acht Jahre alt, als ich, gemeinsam mit meinem älteren Bruder Rudi, das erste Mal eine Kuh über die Bundesstraße zum Neugschwandtner hinauftrieb, weil dort der Stier zu Hause war. Ich war oft genug mit meinem Vater mitgegangen, um zu wissen, welche Aufgaben dabei dem Besitzer der Kuh zukamen und nun von meinem Bruder und mir übernommen werden mussten. Während der junge Neugschwandtner mit der zielgerichteten Bewegung des weit herausfahrenden Stierpenis beschäftigt war, hatte ich die Aufgabe, den Kuhschweif so zur Seite zu halten, dass dem sich hoch aufrichtenden Stier kein Hindernis entstand. Bis wir am Ende die befruchtete Kuh wieder sicher in ihren Stall zurückbrachten. Wo an der Wand ein alter Ochsenpenis in gedörrtem Zustand hing, ein sogenannter Ochsenziemer, der zum Treiben der Tiere und zum Züchtigen der Kinder eingesetzt wurde.

Auch die Säue waren zum Gemeinde- oder Dorfeber zu bringen. Da war allerdings immer ein Erwachsener dabei, weil es unsere Schweine nicht gewohnt waren, getrieben zu werden. Wir Kinder waren als zusätzliche Treiber engagiert. Später wurden die Säue in einem Holzkoben transportiert, der an der Heckseite des Traktors befestigt werden konnte. Der Eber machte mir immer Angst. Und er war beim Akt ziemlich plump in seinem Gehaben. Meistens stocherte er daneben. Die in diesem Haus für den Sexualakt des Ebers zuständige Frau musste schnell sein, um diesen ebenfalls weit herausfahrenden, spiraligen Penis sicher ins Ziel zu dirigieren.

Meine damaligen Vorstellungen vom Sexualakt waren, um es so zusammenzufassen, durchaus explizit. Und meine Mutter wäre auch gar nicht auf die Idee gekommen, dass ich noch meinen könnte, die Vermehrung würde beim Menschen ganz anders verlaufen als bei den Säugetieren, die unsere Mitbewohner waren. Ich hatte mir einmal wegen meiner Wortwahl eine Ohrfeige eingefangen. Ich war fünf Jahre alt, meine Mutter dengelte im Hof die Sense, ich stand daneben. Da vertraute sie mir an, dass ich ein Geschwisterchen bekommen würde. Ich fragte sie: Tragst schon? Denn ich kannte das Wort von seiner Anwendung auf Kühe, Sauen, Ziegen, Lämmer und Katzen. Mir wurde das Wort »schwanger« zusammen mit einer Ohrfeige überreicht.

Die Anekdote vermag zu veranschaulichen, dass mir die Parallelen im Sexualleben von Säugetieren und Menschen schon mit fünf Jahren nicht mehr unbekannt waren. Das Märchen vom Storch wurde bei der Landjugend spätestens mit sechs Jahren auf den langen gemeinsamen Schulwegen über einen Bergrücken ins Nachbardorf Etzen ausgeträumt. Es ging bei diesen Gesprächen darum, sich über Abläufe des menschlichen Sexualakts zu verständigen und Worte dafür zu haben – was nicht ohne die Sünde der »Unkeuschheit in Gedanken und Worten« möglich war.

Meine Mutter sollte mich aber auch gar nicht über den Zeugungsakt informieren, sondern im Auftrag des Pfarrers meinem irgendwie schon vorhandenen Wissen über Sexualität den moralischen Feinschliff verpassen. Sie las mir am Sonntagnachmittag aus dem Aufklärungsbüchlein des Pfarrers vor, dann machte sie eine Pause und gab mir Gelegenheit für Fragen. So war es am Anfang des Buches empfohlen worden. Nicht alles auf einmal erzählen. Und immer auf Fragen eingehen.

Bei den Ausführungen über die Perversion und Todsünde der Homosexualität geriet ich in besondere Aufregung, weil dies ein Bereich war, den ich aus der Viehwirtschaft nicht kannte. Ich wollte wissen, woran man Homosexuelle erkenne. Meine Mutter sagte, dass sie oft den Analverkehr suchten, und dann klärte sie mich über die Bedeutung des Wortes Analverkehr auf. Ich fragte sie, ob der Hintern nicht zu eng sei, und dann sagte sie etwas, das sich tief in meinem Gedächtnis festsetzte. Sie sagte sinngemäß – vielleicht las sie es auch aus dem Büchlein vor –, homosexuelle Männer hätten einen langen, dünnen Penis. Wenn ich mir das damals vorzustellen versuchte, hatte ich nur die vertrauten Vergleiche aus dem Tierreich zur Verfügung.

Als dann, kaum ein Jahr später, Pater Gottfried zudringlich wurde, dachte ich mir, das muss dann wohl ein Homosexueller sein. Dass ein solches Verhalten ausgerechnet bei jemandem auftritt, der eigentlich, wie es das Aufklärungsbuch von Pater Gilbert nahegelegt hatte, für die Verteufelung dieser Perversion zuständig war, konnte ich nicht recht begreifen. Aber ich war auch nicht in der Lage, seinen verharmlosenden Erklärungen zu dem, was er da gerade begann, etwas entgegenzusetzen. Woher auch? Im Gegenteil, ich glaubte ihm und begann heimlich, meine Mutter zu bezichtigen, sie habe mir, keusch wie sie war, von solchen körperlichen Kontakten im Kreise der Priesterschaft einfach nichts erzählt. Das Bild von dem langen dünnen Penis, der mir drohen könnte, wollte mir nicht aus dem Kopf gehen, bis Pater Gottfried mir anschaulich machte, dass ich einem Phantom aufgesessen war.

Heute frage ich mich, ob Pater Gilbert vielleicht sogar wusste, was auf mich zukommen würde, und mich mit diesem Aufklärungsbüchlein für die Gefahren wappnen wollte. Meine Mutter hatte sich bei ihrem Aufklärungsversuch schwergetan. Aber wahrscheinlich, so begann ich mir das zurechtzulegen, kannte sie diese Dimension des Glaubens- und Klosterlebens gar nicht. Wie sollte ich ihr klarmachen, dass ich dieser Sorte Perverser, über die sie mich im Auftrag des Pfarrers belehrt hatte, ausgerechnet im Kloster begegnete, und dass es noch dazu der liebe Pater Gottfried war, der den Kontakt zu meinen Eltern bald gefunden hatte und mich vor jedem Heimfahrsonntag bat, den Eltern schöne Grüße auszurichten.

Wenn Pater Gottfried in der Pfarre Etzen aushalf, deren neuer Pfarrer, Pater Ambros, an Multipler Sklerose erkrankt war, brachte er manchmal Geschenke von zu Hause mit. Es war nicht unüblich, dass die Patres, die in Etzen aushalfen, mit meinen Eltern in Kontakt traten, Neuigkeiten berichteten und oft auch etwas mitbrachten. Einmal war es eine Weihnachtsgans für den Kellermeister des Stiftes, der die Sängerknaben in Chemie unterrichtete.

Es war für mich vollkommen klar, dass ich mit meinen Eltern nicht über diese neue Dimension des Pater Gottfried sprechen konnte. Das habe ich erst viele Jahre später getan, und es hatte die Folge, die zu befürchten war. Meine Mutter machte sich selbst Vorwürfe, so als hätte sie an mir etwas verschuldet.

3

Am Ende meines Studiums traf ich Pater Gottfried das erste Mal nach gut zehn Jahren wieder. Michael Benedikt, mein Philosophieprofessor, hatte zur Vertiefung unseres Kantseminars ein Wochenendtreffen im Kloster Heiligenkreuz angesetzt. Als er den Tagungsort nannte, musste mir zwar bewusst gewesen sein, wen ich dort treffen könnte, aber ich maß dem keine besondere Bedeutung bei. Außerdem waren der Bildungstrakt und der Mönchstrakt ohnedies getrennte Bereiche. Man begegnete sich nicht zwangsläufig. Ich kannte das Kloster. Wir hatten als Sängerknaben dort mindestens einmal im Jahr ein Konzert gegeben. Und ich hatte dort auch einmal Pater Gottfried besucht. Oder zu besuchen versucht. Stift Heiligenkreuz war das Mutterkloster von Stift Zwettl.

Bevor ich mich an die Klasnic-Kommission wandte, hatte ich die Erzählung *Im Spielsaal* geschrieben. Darin steht zu lesen, dass mich Pater Gottfried in einem Brief eingeladen hat, ihn während der Sommerferien im Kloster zu besuchen. Diesem Brief habe er ein Foto von sich beigelegt, das ich in der Erzählung auch beschreibe. Pater Gottfried, so schließt die Erzählung, habe mir nach seiner Versetzung nach Heiligenkreuz keinen Brief mehr geschrieben. Davon war ich felsenfest überzeugt.

Nun ist mir aber, Monate nach meiner Aussage vor der Klasnic-Kommission, doch noch eingefallen, wo ich das Plastiksackerl mit den Unterlagen von Stift Zwettl aufbewahrt hatte.

Darin fanden sich drei Postkarten, die er mir nach seiner Versetzung aus Stift Zwettl geschrieben hat. Jeweils an meine Heimatadresse. Auf der ersten ist ein Messdiener abgebildet. Wir waren gerade von einer Konzertreise aus Rom zurückgekommen, wo wir an einem internationalen Sängerknabentreffen teilgenommen hatten. Die Karte beginnt mit der Anrede *Lieber Peperl!* Dann lese ich da zu meiner Überraschung: *Zunächst muß ich Dir noch recht herzlich danken, für Deine lieben Grüße aus Rom. Es hat mich aufrichtig gefreut, daß Du trotz der voll ausgefüllten Zeit an mich gedacht hast.*

Danach bedauert er, dass ich ihm nicht persönlich von der Romreise erzählen könne: *Grüße kamen ja viele, mich würden aber alle Einzelheiten interessieren. Gestern war ein Bub von Hollabrunn hier, der auch in Rom war und mit Euch zusammengetroffen ist. Er hat davon begeistert erzählt.*

Dass Pater Gottfried auch Kontakte zum Knabenseminar in Hollabrunn hatte, in dem ein paar Jahre darauf ein ehemaliger Zögling dieses Seminars, der spätere Kardinal Hans Hermann Groër, die Leitung übernahm und in Missbrauchsfälle verstrickt war, hatte ich bislang nicht wahrgenommen. Warum war *ein Bub von Hollabrunn hier*, also in Heiligenkreuz? Hat er Pater Gottfried besucht, so wie auch ich immer wieder eingeladen worden war, ihn zu besuchen?

Nachdem Pater Gottfried auf der Karte noch herzliche Grüße an Pater Ambros, unseren Pfarrer, bestellt hat, steht da, zu meiner Überraschung: *Beiliegend ein Photo und ein Abziehbild.*

Mein erster Gedanke: Er hat mir sein Foto also nicht, wie ich bisher gedacht habe, von Stift Zwettl geschickt, sondern erst später, als er aus Stift Zwettl schon versetzt worden war, von Heiligenkreuz. Was mir nun auch viel logischer vorkam. Wir konnten uns nicht mehr in Stift Zwettl treffen, aber er wollte den Kontakt aufrechterhalten. Und ich offenbar auch.

Ich hatte ihm aus Rom geschrieben. Er antwortete mir mit zwei Geschenken, einem Bild von sich und einem Abziehbild. Kaugummibilder und Abziehbilder waren unter uns Buben gerade hoch im Kurs. Seit über einem Jahr wurde ich von Pater Gottfried damit versorgt. Aber jetzt schickte er auch noch ein Foto von sich. Dieses Bild, das ihn im Habit auf einer Bank sitzend zeigt, das Brevier in der Hand, sollte meinen Eltern einen Eindruck von seiner Frömmigkeit vermitteln. Aber ich hatte bisher gemeint, das sei ein Jahr früher gewesen und der Brief, dem es beigelegt war, sei nicht aus Heiligenkreuz, sondern aus Stift Zwettl gekommen. Die Karte endet mit den Worten: *Auch zu Hause viele liebe Grüße und alles Gute! Dein P. Gottfried*
   Stift Hl†, 2. August 1967

Im zwei Seiten langen Lebenslauf, der von Stift Heiligenkreuz, nach seinem Tod am 21. Dezember 2014, veröffentlicht wurde, ist ausgespart, dass Pater Gottfried in Stift Zwettl war. Die fraglichen Jahre nach seiner Primiz werden so zusammengefasst: *Mit verschiedenen Aufgaben als Jungpriester betraut, wurde er 1967 Kirchenrektor in Grub.* Danach sei er Pfarrer von Sulz im Wienerwald geworden. Über den Verlauf seines weiteren Lebens wird Folgendes berichtet:
   Ab 1991 bis 2008 leitete er die Stiftspfarre Würflach und wurde zudem 1997 Dechantstellvertreter des Dekanates Neunkirchen. Von der politischen Gemeinde Würflach wurde er mit der silbernen Ehrennadel ausgezeichnet. Außerdem war er Feuerwehrkurat der F. F. Hettmannsdorf-Würflach. Besonders in Grub, Sulz und Würflach wird P. Gottfried als beliebter Seelsorger unvergessen bleiben. Ein besonderer Dank gilt an dieser Stelle Frau Christiane Hauser, die ihm jahrzehntelang den Haushalt führte und ihm in einigen Bereichen der Seelsorge wie Kinder-, Jugend- und Seniorenbetreuung wie

auch mit ihrem musikalischen Talent als treue Helferin zur Seite stand. *Durch seine fortschreitende Krankheit musste er 2008 seine pastorale Tätigkeit aufgeben und kam ins Stift Heiligenkreuz zurück.*

Kein Wort von Stift Zwettl, aber auch kein Wort von Neukloster, einem zu Heiligenkreuz gehörenden Priorat in Wiener Neustadt, in deren kleiner Mönchsgemeinschaft sich Pater Gottfried offenbar eine Weile aufgehalten hat.

Als ich damals meinem Vater erzählt habe, dass ich von Pater Gottfried eingeladen sei, ihn in Heiligenkreuz zu besuchen, war er bereit, mir entgegenzukommen und, ohne es zu wissen, das missbrauchte Kind ein weiteres Mal zum Täter zu bringen. Er schlug den 15. August, den Feiertag Mariä Himmelfahrt, als Termin vor und wollte die Gelegenheit nutzen, um seine Cousine im nur fünfzehn Kilometer von Heiligenkreuz entfernten Baden zu besuchen. Ich schickte Pater Gottfried einen Brief nach Heiligenkreuz und teilte ihm den Termin mit. Er antwortete mit einer Karte, auf deren Vorderseite der Altar der Stiftskirche Klosterneuburg abgebildet war:

Vielen Dank für Deinen lieben Brief, der mir nachgeschickt wurde. Ich bin nämlich inzwischen wieder an meinem 1. Kaplansposten im Neukloster Wiener Neustadt gelandet, von wo aus ich eine Pfarre an der Hohen Wand betreue. Ich kann daher nicht sicher sagen, ob ich am 15. August nachmittags in Hl† sein werde. Wenn es irgendwie geht, werde ich mich bemühen, von Wr. Neustadt aus dorthin zu kommen, da ich Dich gerne sehen würde. Hoffentlich klappt es auch. Frage jedenfalls in der Pforte nach mir. Viele liebe Grüße zu Hause!

Ich ließ meinen Vater offenbar im Unklaren darüber, dass Pater Gottfried eventuell gar nicht in Heiligenkreuz sein könnte. Auch mein älterer Bruder war bei dem Ausflug mit dabei. Wir fuhren zuerst nach Baden, wo wir bei den Verwandten zu Mittag aßen. Am Nachmittag machten wir uns gemeinsam mit der Cousine meines Vaters und ihrem Mann auf den Weg nach Heiligenkreuz. Wir gingen zuerst zum Friedhof, um das Grab der Mary Freiin von Vetsera zu besuchen, die 1889 im Jagdschloss Mayerling gemeinsam mit Kronprinz Rudolf in den Tod gegangen war. Um den Skandal zu vertuschen, war ihre Leiche auf Weisung des Wiener Hofs heimlich nach Heiligenkreuz gebracht worden. Mein Vater und seine Cousine erzählten von diesem Doppelselbstmord. Die Cousine meines Vaters äußerte mehrmals ihr Erstaunen, wie viele frische Blumen auf diesem Grab immer noch abgelegt werden. Danach verabschiedeten wir uns. Mein Vater fuhr mit seiner Cousine, ihrem Mann und meinem Bruder nach Baden zurück, ich ging zur Klosterpforte und fragte nach Pater Gottfried. Doch der war nicht da. Ich muss dann wohl ein paar Stunden gewartet haben, bis mein Vater mich wieder abholte.

Erst versuchte ich, so zu tun, als wäre alles gut gelaufen. Doch dann wunderte sich mein Vater, dass sich Pater Gottfried gar nicht bei ihm gezeigt habe. Er hatte erwartet, dass ich ihm übergeben werde, wie es geschehen war, als ich Pater Gottfried in den zurückliegenden Ferien in Stift Zwettl besucht hatte. Es blieb mir nichts übrig, als nach und nach die Wahrheit zu bekennen. Mein Vater schimpfte mit mir, weil ich mit Pater Gottfried keine klare Vereinbarung getroffen hatte und er ja letztlich mir zuliebe diesen Ausflug unternommen hatte.

Offenbar teilte ich Pater Gottfried auf einer Karte mit, dass ich vergeblich nach Heiligenkreuz gekommen war. Er antwortete am 29. August 1967. Dieses Mal waren auf der Vorderseite Motive von Wiener Neustadt abgebildet, der Dom, die Militärakademie, der Wasserturm.

Lieber Peperl!

Vielen Dank für Deine Karte. Es tut mir ja selbst sehr leid, daß

sich am 15. d. M. keine Gelegenheit bot, am Nachmittag nach Hei-
ligenkreuz zu kommen. Als ich dann am 20. dort war, traf ich am
Friedhof zufällig die Leute, die Du besucht hast. Sie erzählten mir,
daß Du einige Stunden an der Pforte auf mich gewartet hast. Sei mir
bitte nicht böse, ich hätte Dich wirklich gerne getroffen. Ich hoffe, daß
N. N. und N. N. [zwei Mitschüler, an die sich Pater Gottfried, meiner
Wahrnehmung nach, in ähnlicher Weise wie bei mir herangemacht
hat; J. H.] meine Grüße bestellt haben. Sie waren ja im Neukloster.
Für nächste Woche wünsche ich Dir einen guten Start in die 3. Klasse.
Ich bin schon neugierig, was es im nächsten Schuljahr alles Neues ge-
ben wird. Grüße bitte alle und bleibe gesund. Liebe Grüße auch zu
Hause! Dein P. Gottfried

Die Ansichtskarte hat er offen verschickt, meine Eltern konnten ruhig lesen, was da stand. Ich hatte es mir in den Kopf gesetzt, der Einladung Pater Gottfrieds zu folgen und ihn zu besuchen. Aber ich war zum falschen Ort gefahren. Dort, wo er
sich in Wirklichkeit aufhielt, im Neukloster in Wiener Neustadt, war er, wie aus der Karte hervorgeht, schon von zweien
meiner Mitschüler besucht worden. Pater Gottfried, das wird
mir jetzt erst deutlich, hatte also nach seiner Rückversetzung
nach Heiligenkreuz noch regen Kontakt zu seinen Lieblingen
aus Stift Zwettl.

Am Ende der zweiten Klasse hatte Pater Gottfried angekün-
digt, dass er uns verlassen und nach Heiligenkreuz zurück-
gehen werde, wo neue Aufgaben auf ihn warteten. Wie lange
er weg sein würde, ließ er offen. Wie es zu dieser Entschei-
dung gekommen war, verschwieg er uns. Ein Mitschüler, der
bald danach bei einem Bergunglück ums Leben kam, hat mit
seinen Eltern über den Missbrauch durch Pater Gottfried sprechen können. Er war, meiner Wahrnehmung nach, einer von
etwa zehn Betroffenen. Nicht dass einer darüber gesprochen

hat, ist das Typische am Verhältnis von uns damaligen Kindern zu ihren Eltern, sondern dass es neun nicht taten. Er kam aus einer sozialdemokratischen Stadt, und er hatte offenbar ein Elternhaus, in dem er nicht so vollkommen unter der katholischen Glocke lebte, wie wir anderen. Er erzählte, was ihm widerfahren war, und seine Eltern zogen sofort die Konsequenzen. Sie fuhren ins Kloster zu Abt Ferdinand Gießauf, unterrichteten ihn über die Vorfälle und nahmen ihren Sohn aus dem Sängerknabenkonvikt.

Dass Pater Gottfried nicht mehr zurückkommen würde, wurde uns erst am Anfang des neuen Schuljahres, im September, gesagt, ein paar Tage nachdem ich von ihm die letzte Karte aus dem Neukloster in Wiener Neustadt bekommen hatte, in der er auch die zwei Mitschüler erwähnt, die ihn besucht hatten. Ich erinnere mich, dass unser Chorleiter, Pater Stephan, in einer verklausulierten Art über die Vorfälle sprach, die wahrscheinlich nur diejenigen richtig verstanden, die davon betroffen waren. Es wurde uns nahegelegt, Pater Gottfried nicht mehr zu schreiben und ihn nicht mehr zu treffen.

Und vermutlich ist es auch erst zu dieser Zeit, Anfang September, Pater Gottfried ausdrücklich untersagt worden, mit seinen Lieblingen aus Stift Zwettl weiter in Kontakt zu treten. Da muss es wohl eine Weisung des Abtes gegeben haben, dem klargeworden war, dass die Versetzung nichts nützt, wenn die Kontakte weiter bestehen.

Wir gingen im Herbst auf Konzerttournee nach Jugoslawien. Von dort hätte ich Pater Gottfried gewiss eine Ansichtskarte geschrieben. Aber das war nicht mehr möglich. Unsere Post wurde gelesen und dann gemeinsam aufgegeben. Ich habe die Korrespondenzen aus diesem Jahr aufgehoben. Während der Romreise im Juli war eine Karte an Pater Gottfried noch durchgegangen, im August korrespondierte ich mit ihm von meinem Elternhaus aus, ab September gibt es von Pater Gottfried keine Post mehr.

Es war nur eine kurze Phase von ein paar Tagen, in denen Pater Stephan uns ermutigte, unsittliche Annäherungen zu melden, ohne dass es zu richtigen Anhörungen gekommen wäre. Ein Mitschüler hatte zu seinen Eltern gesprochen, aber man hatte es nicht der Mühe wert gefunden zu ermitteln, welche anderen Täter und Betroffene es noch geben mochte. Und so sparte man sich auch die Mühe, mit den Eltern anderer Missbrauchsopfer zu sprechen. Die meisten Eltern blieben von alldem ausgeschlossen und erfuhren gar nicht, dass ihre Kinder missbraucht worden waren.

Das Ausmaß der Übergriffe blieb unklar. Einige Schüler waren notorisch davon betroffen, andere wussten von gar nichts und erfuhren es erst jetzt. Es war eine Missbrauchsaffäre. Aber eine Affäre, von der die Öffentlichkeit nichts erfährt, ist eigentlich keine Affäre, sondern ein bloßer Vorfall.

Ich erinnere mich, dass wir im dritten Schuljahr in einem neuen Klassenraum saßen und uns über Pater Gottfried unterhielten. Es war das einzige Mal, dass in unserer Klasse über diese Vorfälle offen gesprochen wurde. Zwei Mitschüler erzählten von sich aus, dass Pater Gottfried auch bei ihnen zudringlich geworden war. Beim einen hatte ich es geahnt, beim anderen war es mir neu.

Ab dem Sommer 1967 kam Pater Gottfried im Kloster und in den Pfarren von Stift Zwettl nicht mehr zum Einsatz. Möglicherweise habe ich ihn noch bei einem Konzert in Heiligenkreuz unter den anwesenden Mönchen erblickt. Aber es gab keine weitere persönliche Begegnung.

Bis ich dann zehn Jahre später als Studierender mit Professor Michael Benedikt zu diesem Wochenendseminar nach Heiligenkreuz fuhr. Am Ende unseres ersten Seminartages, das Abendessen war schon eingenommen, brach ich zu einem kleinen Spaziergang auf. In der Hoffnung, dass der Friedhof auch abends geöffnet sein könnte, wollte ich noch einmal zum Grab der Mary Vetsera gehen. Als ich durch den äußeren Klosterhof schlenderte, kam mir Pater Gottfried entgegen. Ich erkannte ihn sofort. Er kam direkt auf mich zu. Ich zwang mich, nicht meinem ersten Impuls zu folgen und in eine andere Richtung abzubiegen. Wir gingen aufeinander zu, er blickte mich an, wir grüßten einander, er zuerst: Grüß Gott, dann ich: Guten Abend, ein kurzer Blick von ihm in mein Gesicht, keine Regung, keine Erinnerung, er ging einfach weiter.

Als er da auf mich zukam, sagte ich mir innerlich, hoffentlich erkennt er mich nicht. Als er mich aber dann wirklich nicht erkannte, war ich getroffen. Wie konnte er mich vergessen haben? Diese Nähe, die er angeblich für mich empfunden hatte, musste es ihm doch möglich machen, mein Gesicht wiederzuerkennen, auch wenn ich jetzt kein Kind mehr war, sondern ein junger Erwachsener.

In dieser Zeit hatte ich schon damit begonnen, meine ersten literarischen Texte zu veröffentlichen. Eine der Nachwirkungen der einseitigen Wiederbegegnung mit Pater Gottfried war, dass ich mich entschloss, die ganze Geschichte in einem Roman zu erzählen. Mir war klar, dass mir ein besonderer literarischer Stoff zur Verfügung stand. Sicher nicht das erste Mal erzählt, aber doch irgendwie mein Stoff. Aber dieser Stoff sperrte sich. Er war so tief in mir verankert, dass er mir keinen literarischen Zugang ließ. Einerseits schien mir das Ganze so übermächtig, dass ich mir nicht vorstellen konnte, darüber auf weniger als vierhundert Seiten sprechen zu können, andererseits fand ich nicht einmal einen Anfang. Und je länger ich wartete, desto fragwürdiger wurde mir das Thema.

Mittlerweile war ich verheiratet und aus der Kirche ausgetreten. Die innere Bedrängnis und die Verstörung, die in den Erinnerungen an meine Klosterzeit wach geblieben waren, wurden allmählich von dem Gedanken überlagert, dass es nicht darum gehen könne, den Priestern ihre Sexualität vorzuwerfen. Wie war das, was ich als Kind empfunden hatte, mit dem, was ich nun, zwölf Jahre später, empfand und dachte, zusammenzubringen? Ich hatte das Gefühl – oder war es nur eine literarische Idee? –, dass die Verstörung in gewisser Weise noch andauert. Und so kam mir der Gedanke, die Geschichte als eine Art Geständnis an einen engen Freund zu erzählen, der sich über gewisse Verhaltensweisen des Ich-Erzählers wundert. Um sich verständlich zu machen, enthüllt dieser dem Freund, was zehn Jahre zuvor im Stiftskonvikt vorgefallen war. Aus der lang herumgewälzten Obsession, es müsse ein Roman werden, war eine Kurzgeschichte von fünf Seiten geworden, *Die plötzlichen Geschenke des Himmels*.

Der Ich-Erzähler gesteht, dass er als Klosterzögling von seinem Religionslehrer, einem gewissen Pater G., sexuell missbraucht worden sei. Wörtlich heißt es: *Er legte mir sein wulstiges Fleischstück wie eine geweihte Hostie auf die Zunge, lächelte mich an dabei, sagte, na, mach schon, trau dich nur. Ein schaler, nichtssagender Geschmack, ein wenig Ekel. Da stieß es mit einem Mal in meinen Mund hinein, zuckte hin und her, ich konnte ihm nicht mehr entkommen. Mein Kopf wurde von hinten gegen das Haarbüschel gepresst, es reckte mich, wenn der Religionslehrer auf meinen Gaumen stieß, die Speiseröhre hinabschlüpfen wollte …*

In der Folge, so die Geschichte, sei der Ich-Erzähler aus dem Klosterinternat abgehauen, ohne jemandem die Gründe dafür plausibel machen zu können. Im Jahre 2010 kommentierte ich dazu: »Moralisch einwandfreie Fiktion. Würde gut in die heutige Debatte passen. Und gerade darum ist sie schlecht.« Ich war mittlerweile in eine Phase der Verharmlosung solcher

Vorfälle geraten. Ganz anders als zur Zeit der Abfassung des Textes. Damals war ich zwar auch schon zurückgerudert und hatte in den Text eine Brücke des Verstehens von priesterlicher Sexualität eingebaut, aber den Missbrauchsvorgang selbst hatte ich dann doch – in seiner für mich unauflösbaren inneren Verknüpfung von Sexualität und Religion – drastisch darstellen wollen.

Pater G. war eine Zusammenführung von drei Personen, mit denen ich im Alter von zehn bis vierzehn Jahren sexuelle Kontakte hatte. Ich bin, im Gegensatz zu meinem Protagonisten in der Kurzgeschichte, aus dem Klosterkonvikt nie abgehauen, sondern habe immer nur geträumt davon. Aber nicht wegen der sexuellen Übergriffe, die ich mir lange als Form von Zuwendung schöngeredet hatte.

Ich habe diese Geschichte öfter bei Lesungen vorgetragen. Es war immer mucksmäuschenstill, aber später wurde mir auch über Zuhörer berichtet, die sich nach der Lesung darüber empört hätten, dass ich einen Priester so »ungustiös« und schmutzig dargestellt habe. Das ermunterte mich, die Geschichte immer wieder vorzulesen. Öffentlich wurde über dieses Thema damals wenig gesprochen. Die später ausführlich in den Medien dargestellten Fälle waren noch nicht aufgedeckt.

Zu dieser Zeit lud mich die Salzburger Literaturzeitschrift *salz* ein, einen Beitrag zu veröffentlichen. Ich schickte *Die plötzlichen Geschenke des Himmels* und bekam als Antwort einen Brief, in dem mir erklärt wurde, dass die Redaktion den Text nicht veröffentlichen könne, weil die Zeitschrift *salz* von Land und Stadt subventioniert sei und in Salzburg die Kirche in der Öffentlichkeit einen hohen Stellenwert habe. Interessant an dieser Absage war die Unverblümtheit, mit der sich hier eine Literaturzeitschrift als willfähriger Untertan des Erzbischofs outete. Als hätten die Herausgeber gewusst oder jedenfalls angenommen, dass der Erzbischof kein Interesse an der Aufdeckung von Missbrauchsfällen in der Kirche habe. Der Text wurde schließlich in der von Dagmar Scherf herausgegebenen Anthologie *Der liebe Gott sieht alles* in Deutschland veröffentlicht und am Ende doch auch noch in Salzburg, in der Zeitschrift *erostepost*, die dem Text auch einen Preis zusprach. Und es wäre wieder Gras über die Sache gewachsen, hätte ich *Die plötzlichen Geschenke des Himmels* im Jahre 1995 nicht noch einmal veröffentlicht. Ganz Österreich war mit der Empörung über Kardinal Groër beschäftigt und über andere Priester, die des sexuellen Missbrauchs von Kindern beschuldigt wurden. Und ich hatte mich in die Nesseln gesetzt, als ich der Bitte eines Journalisten nachgekommen war und den Text noch einmal für eine Veröffentlichung in der Zeitschrift *Profil* freigegeben hatte. Man wollte nicht über meine Kurzgeschichte mit mir sprechen, sondern man wollte wissen, wer hinter der Geschichte stehe. Man wollte die Namen. Man wollte diesen Priestern öffentlich nachstellen. Und ich war nicht bereit, sie zu verraten. Nun bin ich es, weil sie tot sind.

Unter dem Datum 29. Dezember 2014 heißt es in der online zugänglichen Chronik von Stift Heiligenkreuz:

Am Morgen des 29. Dezember haben wir den Sarg mit den sterblichen Überresten von Pater Gottfried Eder bei der Klosterpforte empfangen und unter den feierlichen Gesängen des ›Libera me‹ und des ›Subvenite‹ in die Totenkapelle übertragen. Es ist eiskalt und schneit stark. Jetzt halten wir in der Totenkapelle Totenwache: die Mitbrüder beten beim Sarg für unseren Mitbruder. Er hat viele Jahrzehnte mit uns gelebt, gebetet, gearbeitet … wir bitten Gott um ewigen Lohn und Nachlass aller Sünden. Zum Begräbnis am Dienstag, 30.12., empfehlen wir allen, sich warm anzuziehen.

Am Tag darauf steht in der Chronik:

Es war erstaunlich, wie viele Gläubige trotz der eisigen Temperaturen und der Ferienzeit zum Begräbnis gekommen waren: aus Heiligenkreuz, aus Grub, aus Sulz, aus Würflach ... und dem großen seelsorglichen Einzugsgebiet, das Pater Gottfried persönlich um sich geschaffen hatte. Wir danken für die Teilnahme und das Gebet. Wer Sterbebildchen möchte, soll einfach an office@stift-heiligenkreuz.at schreiben, wir schicken gerne zu.

Am Anfang des neuen Jahres erinnerte sich der Bürgermeister von Würflach, Franz Woltron, in der Gemeindemitteilung an Pater Gottfried Eder. Er schrieb:

Dass sein Wirken in Würflach Spuren der Dankbarkeit hinterlassen hat, zeigte die zahlreiche Teilnahme an seinem Begräbnis am 30. Dezember im Stift Heiligenkreuz. Die Gemeindevertretung, eine Abordnung der Feuerwehr, des Musikvereins, der Klangschmiede, des Pfarrgemeinderates sowie zahlreiche Würflacherinnen und Würflacher nahmen Abschied.

Wir werden Pater Gottfried immer ein ehrendes Gedenken in unserer Gemeinde bewahren.

Pater Gottfried Eder war offenbar ein beliebter Seelsorger gewesen.

4

Es wundert mich nicht, dass die meisten der bekanntgewordenen Missbrauchsfälle in den 60er und 70er Jahren geschahen, vor mehr als vierzig Jahren. Das mag daran liegen, dass ich nicht der Einzige bin, der erst im reifen Alter in die Lage kam, sich seinen Lebenslügen über den eigenen Missbrauch zu stellen.

Ich wollte mir in meiner gesamten Erwachsenenzeit das Bild eines selbstbestimmten Lebens aufrechterhalten, das Fremdsteuerungen aus der eigenen Kindheit oder gar ein seit Jahrzehnten mitgeschlepptes Trauma schlicht nicht vorsah. An meinem vierzigsten Geburtstag, an dem ich von Gratulationen überhäuft wurde, habe ich mich gefragt, was das nun bedeuten soll. Was soll Besonderes daran sein, wenn man vierzig Jahre alt wird? Und die einzige Antwort, die mir dazu einfiel, war eine, die ich Egon Schwarz, dem großen amerikanischen Germanisten, verdanke. Es ging um eine familiäre Angelegenheit, die nichts mit mir zu tun hatte. Egon Schwarz sagte: Ab vierzig gibt es keine Ausreden mehr. Ab vierzig ist jeder für sein Leben verantwortlich.

Ich ging damals auf die vierzig zu. Und obwohl das von Egon Schwarz gewiss nicht grundsätzlich so gedacht, sondern der damaligen Situation geschuldet war, habe ich es mir zu Herzen genommen, weil diese Aussage für mich eine solche Evidenz hatte, dass ich die nächste Etappe meines mittlerweile erwachsenen Lebens vor mir sah. An meinem vierzigsten Geburtstag habe ich mir den Ausspruch von Egon Schwarz zum Vorsatz für mein restliches Leben gemacht. Keine Ausreden mehr, die irgendetwas mit Herkunft und Kindheit zu tun haben. Ich habe, so sagte ich mir, genug Zeit gehabt, die Ungereimtheiten der Kindheit hinter mir zu lassen. Ab jetzt bist du für alles, was du machst, selbst verantwortlich. Ab jetzt bist du wirklich erwachsen. Man könnte das als eine selbstauferlegte Bürde sehen, ich habe es für einen befreienden Gedanken gehalten.

Der Tsunami von 2004 hat mich (wie meine Familie) zwar schlagartig aus dem Rennen geworfen und dem Leben einen anderen Geschmack verliehen, aber ich habe alles getan, um ihn wohlerzählt in der Vergangenheit zu platzieren, wo er als Erinnerung immer bleiben darf, aber ein Eigenleben, das sich weiter einmischen will, wird auch ihm nicht mehr zugebilligt. Ich glaube, dass es mir letztlich ganz gut gelungen ist, die Tsunami-Kurve zu kriegen. War das nicht der beste Beleg, dass man Traumata auch abschütteln kann? Ich meinte, meinen Handlungsspielraum, meine Freiheit, zurückerobert zu haben.

Und so bin ich – vom persönlichen Wohlbefinden her gesehen – mit der Strategie des ohne Ausreden selbstbestimmten Lebens ganz gut gefahren. Nach zwanzig Jahren, ich war um die sechzig, hatte mein psychologisierender Bekanntenkreis mir im Verlauf vieler Privatgespräche zu zwei Einsichten verholfen. Erstens anzuerkennen, dass mich die Erinnerung an die Missbrauchsfälle über all die Jahre hinweg verfolgt hat.

Ich habe mehrere Erzählungen darüber geschrieben und immer wieder Stellung bezogen, zum Fall des Wiener Kardinals Hermann Groër im Jahre 1995, zum Kinderpornokonsum im bischöflichen Internat von St. Pölten im Jahre 2004 und immer wieder zu sexuellen Übergriffen an Kindern und insbesondere an mir selbst im Sängerknabenkonvikt von Stift Zwettl. Da darf man von einer Erinnerung sprechen, die mich verfolgt.

Zweitens hat mich mein psychologisierender Bekanntenkreis, nach Jahren der Kommentare zu meiner Haltung, dazu gebracht einzusehen, dass ich mich nach wie vor in hohem Maße mit den Tätern identifiziere und darauf bedacht bin, Ungemach von ihnen fernzuhalten. Mein Bruder Stefan drückte es drastischer aus. Er sagte: Du fährst eine Strategie der Verharmlosung. Das nützt nur den Tätern.

Heute sehe ich, dass er recht hatte. Tatsächlich war das der Preis für den Entschluss, den Ereignissen der Kindheit keinen Stellenwert mehr beizumessen. Ich sehe, wie sehr ich mich mit den Tätern identifizierte, als ich nicht bereit war, ihre Namen zu verraten.

Ich stellte mir vor, wie Pater Gottfried und Pater Maurus in den letzten fünfzehn Jahren, beginnend mit den Anschuldigungen gegen den Wiener Kardinal Groër, die nicht abreißende Berichterstattung über neu aufgedeckte Missbrauchsfälle in der Kirche verfolgten, mit dem Gefühl, dass sich langsam eine Schlinge zusammenzieht. Wann zeigt jemand auf mich? Wann komme ich dran? Wann entschließt sich einer, es mir heimzuzahlen.

Nun, da sie gestorben sind, kann ich offen über sie sprechen und nehme in Kauf, dass Angehörige nicht begeistert sein werden über das, was ich über ihren Onkel, Vater oder Bruder hier erzähle.

Es liegt mir völlig fern, irgendjemand anderen als die benannten Täter anzuklagen. Deren guten Ruf zu schützen bin ich aber nach ihrem Ableben nicht mehr bereit. Es geht um Taten, von denen irgendwann auch Familienmitglieder und Verwandte erfahren sollten – falls sie nicht ohnedies von anderer Seite schon informiert worden sind. Ihre Betroffenheit wäre allerdings nicht kleiner gewesen, hätte ich schon zu Lebzeiten der Täter ausgesagt. Damals hätten sie nicht einmal sagen können: Jetzt, da er sich nicht mehr wehren kann!

Alle, die exzessive körperliche oder psychische Gewalt gegen mich ausgeübt haben, haben es nicht nur bei mir so getan. Dennoch spreche ich nur für mich und anonymisiere die Namen möglicher weiterer Missbrauchsopfer. Es geht hier um meinen Umgang mit diesen Dingen. Vergleichbare Fakten treffen auch auf andere zu. Es ist ihr Los und ihre Aufgabe, damit zurande zu kommen.

Mein Unglück ist, dass ich das alles zwar mittlerweile weiß, aber trotzdem nicht aufgehört habe, mich mit den Tätern zu identifizieren. Würde einer von denen, über die ich hier spreche, noch leben, ich würde ihn aus dem Bericht rauslassen. Ich würde über ihn erst sprechen, wenn er gestorben ist. Das ist nach wie vor so. Immer noch stelle ich mir vor, wie es sein muss, den Ruf eines Kinderschänders oder den eines exzessiven Kinderverdreschers umgehängt zu bekommen. Letzteres wird gewiss für harmloser erachtet.

Ich habe allen Grund, eine große Wut auf diese Typen zu haben, die mich in der Kindheit behandelt haben, als wäre ich ihr Leibeigener oder ihr Spielzeug, stattdessen bin ich um ihren Ruf besorgt. Bis heute. Normal mag das nicht sein. Dies langsam zu kapieren verstehe ich als ersten Schritt im Versuch, gegen die Geister der Vergangenheit ins Gefecht zu ziehen.

Ein Grund dafür, dass ich die Täter schonen wollte, lag darin, dass sie mir eben nur in bestimmten Situationen als Täter begegnet sind und die Erfahrungsbreite mit ihnen wesentlich größer war. Dass ich damals von ihnen, wie mir schien, viel Gutes erfahren habe, ist die eine Seite, die andere ist die des Missbrauchs, wodurch sie Wesen mit zwei Gesichtern waren.

Was mir widerfahren war, war gleichsam ihre dunkle Seite, neben ihrem tadellosen Gesamtleben, in das ich ja auch einbezogen war.

Der Organist fuhr mit uns auf Konzertreise. Er war der Hauptschuldirektor von Stift Zwettl. Und er sang bei uns im Chor, wenn Männerstimmen gebraucht wurden. Er hatte einen tiefen Bass. Ich höre ihn bis heute das *Credo* der *Kleinen Orgelsolomesse* von Joseph Haydn singen, alle paar Silben einen Halbton tiefer: *Crucifixus etiam pro nobis sub Pontio Pilato.* Bei ihm steht eine Menge Erinnerung an ein ganz unproblematisches Miteinander gegen eine einzige Episode, einen Ausrutscher, könnte man vielleicht sagen. Was ist schon Schlimmes passiert?

Dass ein mehrfacher Familienvater, Stiftsorganist, Hauptschuldirektor, eine Respektsperson durch und durch, sich darum bemüht hat, einen knapp Dreizehnjährigen dazu zu bringen, sich mit seinem Penis zu beschäftigen und ihm beim Masturbieren behilflich zu sein, war letztlich eine neue Variante von sexueller Kindheitserfahrung. Warum sollte ich das bei der Klasnic-Kommission weglassen? Es hat meine Maßstäbe verschoben. Viktor Adolf war kein Priester. Nach seinem Übergriff stellte es sich für mich so dar, als wäre es eine wie alle Sexualität heimliche, aber durchaus übliche Männerbeschäftigung, dass man sich beim Onanieren behilflich ist. Aber kein Missbrauch. Und ich tue mich bis heute schwer, den Missbrauch zu sehen. Ich war ja von Viktor Adolf in den Status eines Erwachsenen erhoben worden.

Hinzu kommt, dass es eine zusätzliche Hürde darstellt, eine Anschuldigung gegen einen »honorigen« Bürger vorzubringen. Dirk Bange schreibt in seinem Buch *Sexueller Missbrauch an Jungen. Die Mauer des Schweigens*: »Einen verheirateten Mann, der ein Mädchen sexuell missbraucht, können sich viele noch vorstellen, bei einem Jungen als Opfer verlässt die meisten der Glaube an den Wahrheitsgehalt der Geschichte.«

Im Jahre 2010, kurz nachdem die Klasnic-Kommission gegründet worden war, begegnete mir auf der Straße ein Mann, der mich schon von weitem anlachte, den ich aber nicht erkannte. Ohne ein Wort des Grußes fragte er mich: »Hast du dich schon gemeldet? Weißt du schon, was sie zahlen?«

Sein Lachen war irritierend. War es in Wirklichkeit Häme? Merkwürdigerweise dachte ich sofort an die Klasnic-Kommission. Wollte dieser Fremde mich anklagen, weil ich mich in den Medien dazu bekannt hatte, von Mönchen missbraucht worden zu sein? Wollte er mir unterstellen, mir ginge es nur ums Geld?

»Du erkennst mich nicht, ich sehe es dir an«, sagte er. Und dann nannte er seinen Namen, nicht seinen richtigen Namen, sondern seinen Spitznamen, und meine Erinnerung legte über die Maske dieses unbekannten Mannes das vertraute Gesicht eines Mitschülers aus unserer gemeinsamen Zeit als Sängerknaben von Stift Zwettl. Ich hatte vierzig Jahre nichts mit ihm zu tun gehabt. Und mit einem Mal kam mir auch sein überrumpelndes Verhalten nicht mehr ganz so befremdlich vor. Wir waren im Konvikt gut miteinander ausgekommen, und es stellte sich auch Jahrzehnte später gleich ein kumpelhafter Ton ein.

Allerdings war mir nicht ganz klar, wie ich seine Frage verstehen sollte. Wollte er mich einfach sachlich fragen, ob ich schon ausgesagt hätte, und nebenher erfahren, wie viel die Kirche an Missbrauchsopfer zahlt? Mir war, als hätte ich einen anklagenden Ton herausgehört: So wie du deine Missbrauchsgeschichte vermarktest, bist du sicher schon bei der Klasnic-Kommission gewesen. Oder überlegte er, selbst eine Aussage zu machen, wollte den Entschluss aber von der Höhe der Entschädigungszahlung abhängig machen?

Ich fragte: »Redest du vom Gottfried?«

»Na klar, bei mir hat er auch.«

»Ich hab's nicht mitgekriegt«, sagte ich.

»Ich hab auch nie darüber gesprochen.«

»Und jetzt willst du reden?«

»Nur wenn sie gut zahlen. Ich halt nichts mehr von denen. Aber wenn sie zahlen …«

So in etwa verlief unser Gespräch. Ich meinte den Kreis der Mitschüler, mit denen Pater Gottfried intime Kontakte unterhielt, zu überblicken. Der Schulfreund war nicht dabei. Aber ich kann natürlich nicht wissen, ob ich wirklich alle im Blick hatte. Er ging nicht in meine Klasse. Vermutlich hat Pater Gottfried versucht, mit allen Ministranten etwas anzufangen. Er hat gerne im Bildungshaus, das mit dem Sängerknabentrakt durch eine hohe Flügeltür verbunden war, Abendmessen gelesen. Üblicherweise hatte ein Priester zwei Ministranten. Pater Gottfried genügte ein Ministrant. Alle, von denen ich weiß, dass Pater Gottfried bei ihnen zudringlich wurde, waren auch Ministranten bei ihm gewesen. Ich kann mir gut vorstellen, dass er es in dieser einsamen Stunde nach der Abendmesse im Exerzitienwerk letztlich bei allen Ministranten versucht hat. Aber nicht alle haben seinem Drängen nachgegeben.

Pater Gottfried Eder war 29 Jahre alt, als er nach Stift Zwettl kam. Er war der Erwachsene, wir waren die Kinder. Wir waren keine gleich starken Partner. Eine einvernehmliche sexuelle Beziehung zwischen einem Neunundzwanzigjährigen und einem Elfjährigen kann es nicht geben. Es hat in einigen meiner Texte so geklungen, als würde ich diesen Standpunkt vertreten.

Damals, als ich meinen Schulfreund traf, irritierte mich die

unerwartete Konfrontation mit seiner und meiner Missbrauchsgeschichte so sehr, dass ich mir Mühe gab, ihn so schnell wie
möglich abzuschütteln. Ich hätte auch gar nicht gewusst, wie
viel sie zahlten, weil es sich für mich damals verbat, über eine
Aussage vor dieser Kommission überhaupt nur nachzuden-
ken. Ich wollte mich nicht als Opfer darstellen. Heute sage ich
mir, dass für jemanden, der die Klasnic-Kommission für nichts
als eine Art moralische Reinwaschanstalt der katholischen Kirche hält, die Frage, wie viel sie zahlen, möglicherweise die ein-
zig sinnvolle ist. Die Zahlungen sind eine Geste der Entschädigung fürs kollektive Wegschauen. Immerhin.

5

Brigitte Bierlein bot mir Kaffee an. Weil ich nicht wusste, wie man ein solches Gespräch beginnt, lobte ich die Schönheit des Gebäudes, das ich eben zum ersten Mal betreten hatte. Brigitte Bierlein sagte, dass es von den bekannten Architekten Ernst Gotthilf und Alexander Neumann errichtet worden sei. Als Bankgebäude für die Österreichische Creditanstalt. Nunmehr habe es die Signa-Gruppe erworben, was zur Folge habe, dass der Verfassungsgerichtshof womöglich bald werde ausziehen müssen.

Die Frau, die mich in die Amtsräume hinaufgeführt hatte, brachte mir eine Tasse Espresso und Wasser, dann verließ sie das Zimmer. Im repräsentablen Büro von Brigitte Bierlein war ein Konferenztisch, an dessen einem Ende wir uns gegenübersaßen. In möglichst klaren Sätzen wollte ich reden. Ich bedankte mich für den schnellen Termin und begann zu erzählen. Zuerst von Pater Gottfried Eder. Ich legte sein Foto zwischen uns auf den Tisch und drehte es zu Frau Bierlein, damit sie einen Blick darauf werfen konnte.

Pater Gottfried ging nicht nur gerne mit den Sängerknaben auf Ausgang, er besuchte uns auch in der Abendfreizeit, und er brachte oft Geschenke mit. Einen Apfel, eine Orange oder einen Bazooka-Kaugummi mit den Abziehbildern und Geschichten vom *Bazooka Joe* in der Verpackung. Alle Zöglinge konnten beobachten, wer von uns die Geschenke bekam. Und diejenigen, die sie bekamen, achteten besonders darauf, wer sie sonst noch bekam. Ich war in der ersten Klasse, hatte starkes Heimweh und auch große Mühe mit manchen Mitschülern, die mich hänselten und »Hasenvieh« nannten. Pater Gottfried kam in der Abendfreizeit auf mich zu und gab mir einen Apfel. Er tröstete mich, weil ihm aufgefallen war, dass ich es mit anderen gerade nicht ganz leicht hatte. Ausgerechnet einen Apfel, denke ich mir heute. Als hätte er die Verführungsszene zur Sünde aus der Genesis nachstellen wollen, bei der, in der Tradition der katholischen Ikonographie, Eva dem Adam einen Apfel reicht.

Pater Gottfried schlug mir vor, Tischtennis zu spielen. Danach suchte er das erste Mal die körperliche Nähe zu mir. In einer Gangnische drückte er mich, als wäre ich besonders trostbedürftig, eng an sich. Das nächste oder übernächste Mal fuhr er mit dem Handrücken an meinem Penis entlang über die Hose. Zunächst wirkte es wie zufällig, dann vergingen mir langsam die Zweifel, ob das noch zufällig war. Er sagte, dass er als mein Religionslehrer auch für meine Aufklärung zuständig sei. Was er da machte, konnte ich mir nur als eine Art Anschauungsunterricht erklären. Es waren Zärtlichkeitsbezeugungen, für die ich keinerlei Vorbild hatte und auch keine Vorstellung davon, wie ich damit umgehen sollte.

Am Ende des ersten Schuljahres, ich war gerade elf Jahre alt geworden, lud er mich ein, ihn in den Ferien im Kloster zu besuchen. Wir könnten mit dem Ruderboot einen Ausflug auf dem Kamp machen. Wahrscheinlich wusste er, wie sehr ich Ruderbootfahren mochte. Mein Vater brachte mich mit dem Auto nach Stift Zwettl. Pater Gottfried nahm mich im Stiftshof in Empfang. Er hatte mich in einem Gästezimmer im sogenannten Schwarzen Gang untergebracht. Zwischen den Zimmertüren hingen lebensgroße Porträts von Äbten.

Ich durfte im Refektorium zusammen mit den Mönchen essen. Pater Gottfried hat mich nicht versteckt, er hat sich meiner, wie es schien, in verantwortungsvoller Weise angenommen und mich auch anderen Patres vorgestellt. Bis gleich danach wieder die Heimlichtuerei begann.

Am Nachmittag, nach dem Chorgebet, fand er dann Zeit für die versprochene Fahrt mit dem Ruderboot auf dem Kamp. Wenn der Stausee Ottenstein gut gefüllt ist, staut sich der Kamp bis Stift Zwettl zurück. Das muss damals wohl der Fall gewesen sein. Es war ein ruhiges, breites Gewässer.

Das Ruderboot war an einen Brückenpfeiler angeleint. Pater Gottfried hatte es schon vorbereitet. Wir ruderten los. Zuerst er, dann ich. Als wir nach einigen Flusswindungen in das breiter werdende Gewässer des Stausees kamen, zog er eine Flasche Wein aus der Tasche seines Habits und einen Korkenzieher. Was dann geschah, ist seltsam dunkel in meinem Gedächtnis verankert. Ich weiß aber, dass ich erstmals mit seinem Penis zu tun hatte, der ganz und gar nicht so war, wie ich mir den Penis eines Homosexuellen ausgemalt hatte. Wenn ich meiner schwachen Erinnerung trauen kann, liefen die sexuellen Handlungen auf den ersten Versuch einer Masturbation hinaus, weil ich mich daran erinnere, dass ich »versagt« habe. Das Ganze muss sich irgendwie unter dem Habit abgespielt haben. Er hatte eine starke Erektion, ich hatte keine, aber er fummelte an mir herum.

Ich muss an diesem Tag wohl auch noch in der Zelle von Pater Gottfried gewesen sein, denn ich erinnere mich, dass er mich über den Dachboden, auf dem wir mehrere Feuermauern mit Eisentüren durchschritten, zum Gästezimmer im Schwarzen Gang zurückbrachte. Auf diese Weise konnte uns niemand begegnen. Was in der Zelle geschah, vermag ich nicht mehr im Detail zu sagen.

Frau Bierlein ließ mich sprechen. Sie hörte aufmerksam zu und unterbrach mich nicht. Sie hatte wohl eine Mappe mit Unterlagen vor sich liegen, vielleicht unseren E-Mail-Verkehr, aber sie schrieb nichts auf.

Ich wollte in der Darstellung der Vorfälle mit Pater Gottfried konzise sein und nichts ausschmücken. Ich hatte in den Tagen vor meiner Aussage noch einmal *Die plötzlichen Geschenke des Himmels* gelesen und auch kurz daran gedacht, diese Erzählung als Beweismittel vorzulegen, ließ das dann aber bleiben, weil eben nicht alle Ereignisse in Wirklichkeit genau so waren, wie ich sie dort erzählt habe. Aber bei einer Passage denke ich, dass sie ganz eng an meinem wirklichen Erleben entlang erzählt ist, natürlich so, wie ich dieses Erleben damals in Erinnerung hatte. Pater Gottfried las uns in der letzten Viertelstunde des Religionsunterrichts aus einem Jugendroman von Johan Fabricius, *Kapitän Bontekoes Schiffsjungen*, vor:

Ich saß in der ersten Reihe links neben der Wand, und wenn Pater G. vorlas, setzte er sich, zur Klasse gewandt, auf meinen Tisch, hielt mit einer Hand das Buch, breitete seinen Habit über meinen Körper, drückte mich an die Wand und schnitt mich so von allen Blicken meiner Kollegen ab. Während die Schiffsjungen in einem Kanu den Fluß hinaufruderten oder ängstlich den Höhleneingang bewachten, fanden die schweißklebrigen und meist ein wenig zittrigen Finger der anderen Hand des Religionslehrers unter dem Habit die meinige, tasteten sich weiter zu meinem Schenkel, fuhren die Hose entlang und zwischen die Beine, öffneten in endlosen, wegen der leichten Geräuschentwicklung immer wieder unterbrochenen Ansätzen meinen Reißverschluss, suchten in aller Ruhe den Schlitz meiner Unterhose, fuhren hinein und walkten bis zum Ende der Stunde mein Fleisch. Mit meist angehaltenem Atem saß ich da und verstörten Gedanken, es fiel mir unendlich schwer, dem Verlauf der Geschichte zu folgen. Wenn das das Beste ist, dachte ich immer, warum hat mir das niemand ge-

sagt, und ich konnte zu niemandem sprechen, vom Besten sprach nie-
mand, es war wie ein heimliches Gebet, das jeder für sich zu verrich-
ten hatte, eine tiefe Hingebung, die jenseits der sündhaften Sprache
lag, oder aber sie würden mich auslachen.

Ich habe über dieses Ereignis zusammenfassend auch zu Brigitte Bierlein gesprochen. Ich gab ihr zu verstehen, dass ich
diesem Pater Gottfried in der zweiten Klasse regelrecht ausgeliefert war. Bei den sogenannten »Ausgängen« mit den Sängerknaben wählte Pater Gottfried gerne einen Spazierweg in den
Wald. Dort entfernte er sich mit mir unter dem Vorwand eines
persönlichen Gesprächs vom Rest der Gruppe. Es lief immer
auf das Gleiche hinaus. Er griff nach meinem Penis und wollte,
dass ich auch seinen Penis anfasse.

Eine seltsame Situation war das schon. Ich saß einer mir völlig fremden Frau gegenüber und erzählte ihr solche Dinge, die
noch dazu mehr als fünfzig Jahre zurücklagen. Brigitte Bier-
leins Ausstrahlung von penibler Gepflegtheit und amtlicher
Korrektheit vermittelten mir das Vertrauen, alles zu sagen.
Aber sie schrieb nicht mit, sie hörte interessiert und konzentriert zu. Und sie nickte manchmal, was mir das Gefühl gab,
mein Fall passe ganz gut in das Schema, das sie sich im Laufe
ihrer achtjährigen Tätigkeit für die Klasnic-Kommission wohl
von pädosexuell agierenden Priestern schon zurechtgelegt
hatte.

Ich wollte aber nicht zu sehr ins Detail gehen und ihre Zeit
auch nicht überbeanspruchen. So beendete ich die Aussage
über Pater Gottfried und kam auf Dr. Pater Bruno Schneider
zu sprechen, von dem ich ebenfalls ein Foto mitgebracht hatte,
das ich nun vorlegte.

Ich kann die Vorfälle mit Pater Gottfried nicht unabhängig
vom Verhalten Pater Brunos sehen. Er war in meinen ersten

beiden Sängerknabenjahren unser Präfekt gewesen. Er hätte die Vorfälle erkennen und abstellen müssen. Anstatt uns vor ihnen zu schützen, war er blind für die Annäherungen bestimmter Priester an uns Kinder. Selbst führte er ein Schreckensregime. Er verteilte zweierlei Ohrfeigen. Die einen waren eine spontane Reaktion, wenn ihm, wie man sagte, »die Hand ausrutschte«, für die anderen musste man eigens antreten. Man musste sich die »Watschen« abholen. Dabei hatte man die Hände an die Hosennaht zu legen, durfte sich nicht bewegen und durfte nicht zucken. Schon gar nicht durfte man mit der eigenen Hand dazwischenfahren. Die Ohrfeigen, für die wir eigens antreten mussten, waren so heftig, dass sie mich manchmal umwarfen. Einmal habe ich für den Rest des Tages auf einem Ohr nichts mehr gehört. Aber da war ich, wie ich meinte, selbst schuld daran, weil ich im Moment des Zuschlagens den Kopf weggedreht hatte.

Als Mittel für besondere Strafmaßnahmen verwahrte Pater Bruno im Präfektenzimmer einen Stock, den er »Onkel Max« nannte. Es gab unter den Dreizehn-, Vierzehnjährigen bestimmte Schüler, die Pater Bruno bevorzugt behandelte. Er nannte sie »die Reifen«. Einem dieser Reifen wurde der Schlüssel zum Präfektenzimmer ausgehändigt, wenn es wieder einmal darum ging, einen Mitschüler vor allen anderen, zum Beispiel im Speisesaal oder im Studiersaal, regelrecht auszupeitschen. Der Betroffene, der ich selbst mehrmals gewesen bin, musste sich über den Tisch beugen und wurde mit dem Stock auf das Hinterteil geschlagen. Er musste laut mitzählen.

Frau Bierlein ermunterte mich, die Formen physischer Gewalt zu benennen, die an mir im Internat ausgeübt wurden. Denn auch dafür sei die *Unabhängige Opferschutzkommission* zuständig. Und so blieb ich noch eine Weile bei den Erinnerungen an

Pater Bruno. Ich erzählte, dass er uns bei kleineren Vergehen, wie Schwätzen im Studiersaal, mit dem Lineal auf die ausgestreckten Finger schlug, und ich erzählte von Wochenenden, an denen wir überhaupt keine Freizeit hatten, sondern, abgesehen von den Mahlzeiten und den liturgischen Gestaltungen, nur im Studiersaal saßen, wo wir selbstverständlich auch nicht sprechen durften. Es waren kollektive Strafmaßnahmen für Vergehen von Einzelnen, die sich nicht gemeldet hatten. Ich wüsste heute, mit einer Ausnahme, nicht einmal mehr anzugeben, welche Vergehen das waren, aber ich erinnere mich deutlich an die unendlich lange Zeit des Schweigens und ruhigen Sitzens.

Und dann erzählte ich noch, wie Pater Bruno auch Sport als Strafmaßnahme einsetzte.

Prinzipiell hatte Sport im Konvikt einen hohen Stellenwert. Unser Tag begann mit Sport. Am Morgen klatschte Pater Bruno ein paarmal in die Hände, und wir liefen, mit einer Glatthose bekleidet, aus unseren Schlafsälen zum Morgensport auf den langen Korridor hinaus. In der warmen Jahreszeit auch manchmal hinunter in den Stiftshof. Um einen Stau im Waschraum zu vermeiden, mussten diejenigen, die langsamer waren als andere, länger turnen, bis Pater Bruno aus dem Waschraum »nächste Gruppe« rief. Aber wie kam man in die erste oder zweite Gruppe? Man musste vom Moment des Händeklatschens an bis zum Eintreffen in der Turnreihe um seine Position kämpfen. Wenn wir dann als Gruppe zum Waschraum gerufen wurden, mussten wir hintereinander in der Hocke, Hasen gleich, mit waagrecht nach vorne gestreckten Händen den ganzen Korridor entlanghüpfen.

Unabhängig von diesem sportlichen Schnellstart in den Morgen, bei dem im Prinzip für alle die gleichen Bedingungen galten, gab es auch einen Abendsport. Der war aber ausschließlich eine Bestrafungsmaßnahme. Meist für Fälle, die als schwer erachtet wurden. Während die anderen schon im Bett lagen und nur die Kommandos hörten, »Kniebeugen, und eins, und zwei und drei, mitzählen!«, »Liegestütze. Nicht aufhören mitzuzählen!«, wurden die Betroffenen draußen auf dem Gang bis zur Erschöpfung gequält.

Als ich noch in der ersten Klasse war und einer aus der vierten für das Vergehen, in der Nacht das Haus verlassen zu haben, zum Abendsport verdonnert worden war, wurde ich Zeuge, wie er sich plötzlich wehrte. Schon schweißgebadet, sprang er mit geballten Fäusten auf Pater Bruno zu und trommelte auf ihn ein. Dabei rief er: »Sie sind ein Tyrann! Pater Bruno, ein Tyrann sind Sie!«

Das hat mir imponiert. Und war eine Art vorbereitender Anschauungsunterricht für die Schiller-Balladen, die wir bald darauf auswendig zu lernen hatten. So gründlich, dass ich sie heute noch weitgehend aufsagen kann und dabei mit diesem Blick durch den Spalt der heimlich geöffneten Schlafsaaltür in Verbindung bringe. Da geht einer von uns auf diesen riesigen Präfekten, der gewiss über 190 cm groß war, mit den Fäusten los, drischt auf ihn ein, und der Präfekt kann ihn kaum abwehren. Er ruft: »Hör auf! Bist du übergeschnappt! Sofort hörst du auf. Na warte!«

Da die »Tyrann«-Rufe nicht aufhören wollten, fing Pater Bruno meinen Mitschüler zu beruhigen an: »Sei vernünftig. Wir müssen miteinander reden. Komm in mein Zimmer.« Der Abendsport wurde abgebrochen, der Mitschüler musste ins Präfektenzimmer mitkommen, einen Tag später war er verschwunden.

In meinem Elternhaus über die Schläge von Pater Bruno zu klagen, kam mir nicht in den Sinn. Sie wären nur der Beweis dafür gewesen, dass ich schlimm war. Meine Eltern hatten

Pater Bruno ermuntert, mich nicht zu schonen, wenn ich nicht pariere. Pater Bruno und meine Eltern waren sich bald einig, ich sei ein »Strick« oder ich sei zumindest in Gefahr, ein »Strick« zu werden. Die Briefe von zu Hause endeten manchmal mit den Worten: »Sei brav und lerne fleißig.« Die Briefe meiner Taufpatin Tante Mitzi endeten immer mit diesen Worten.

Ich erzählte Frau Bierlein noch von zwei weiteren Personen. Von dem Vorfall während einer Konzertreise mit dem Stiftsorganisten Viktor Adolf und von einer für mich verhängnisvollen Einladung durch Pater Maurus König nach Oberstrahlbach, wo er gerade eine Stelle als Pfarrer angetreten hatte.

Danach sagte Frau Bierlein, sie schätze die Sache so ein, dass ich Anspruch auf Entschädigung hätte. Ich solle auch keine Scheu haben, eine Entschädigung anzunehmen, denn die stehe mir zu. Sie unterrichtete mich über die Staffelung der Entschädigungszahlungen. Darüber könne ich mich im Detail auch online informieren.

Auf der Website der *Unabhängigen Opferschutzanwaltschaft* wird das praktizierte Opferhilfsmodell folgendermaßen beschrieben:

Die vorgeschlagenen Beträge verstehen sich als Richtwerte für reine Schmerzensgeldzahlungen – Therapiekosten, die auch ein Mehrfaches betragen können, werden besonders abgegolten. Das Modell sieht vier Stufen vor, die Schwere, Dauer und Folgen der Übergriffe berücksichtigen.

1. *€ 5.000,–*

2. *€ 15.000,–*

3. *€ 25.000,–*

4. *Darüber hinausgehende finanzielle Hilfestellungen in besonders extremen Einzelfällen.*

Ergänzend wird angemerkt, dass die Unabhängige Opferschutzkommission *in Ausnahmefällen, die stets gesondert zu begründen sind, von der Einteilung in die vier Kategorien abweichen und auch andere Summen zusprechen* kann.

Frau Brigitte Bierlein machte mich darüber hinaus darauf aufmerksam, dass die Regierung Faymann seinerzeit beschlossen habe, Opfern von sexuellem Missbrauch eine sogenannte Heimopferrente zuzusprechen, auf die ich ab dem vollendeten 65. Lebensjahr gewiss auch Anspruch hätte und die zu beantragen ich mich nicht scheuen solle. Dreihundert Euro monatlich betrage die staatliche Zusatzrente für jene Menschen, die in Schulen, Heimen und anderen öffentlichen Einrichtungen misshandelt oder missbraucht worden waren. Ich dankte Brigitte Bierlein für diese Informationen. Sie sagte, sie werde meinen Fall weiterleiten, man werde sich bald bei mir melden.

Mir war nicht klar, dass es sich bei dem an die eineinhalb Stunden dauernden Gespräch mit Frau Bierlein um eine Art Vorgespräch ohne protokollarische Relevanz handelte. Ich staunte nicht schlecht, als ich nur vier Tage später von Frau Waltraud Klasnic persönlich eine Mail erhielt. Sie schrieb:

Präsidentin Brigitte Bierlein hat mich über Ihr Gespräch über die schrecklichen Vorfälle, die Sie in Zwettl erleben bzw. erdulden und erleiden mussten, informiert. Selbstverständlich stehen die Unabhängige Opferschutzanwaltschaft und ich zur Verfügung, wenn Sie weitere Schritte seitens unserer zivilgesellschaftlichen Einrichtung wünschen.

Selbstverständlich wollte ich weitere Schritte, darum war ich ja gekommen. Frau Klasnic schlug mir zwei kurzfristige Termine vor, an denen ich wegen meiner Verpflichtungen in Leipzig keine Zeit hatte. Ich nannte ihr daraufhin meine möglichen Termine, und wir einigten uns auf den 17. Jänner 2019. Frau Klasnic schrieb:

*Wäre Ihnen die Unabhängige Opferschutzanwaltschaft, Bösen-
dorferstrasse 4 als Treffpunkt angenehm? Es ist (sic!) dies bewusst
gewählte ruhige Räumlichkeiten, die mit der kath. Kirche keinerlei
Verbindung haben und in denen ich seit 2010 Hunderte Gespräche
geführt habe. Wir können uns aber selbstverständlich auch anderswo
treffen.*

*Mit den besten Wünschen für die verbleibende hoffentlich erfreu-
liche Adventzeit und herzlichen Grüßen Waltraud Klasnic*

Am Morgen des 17. Jänner flog ich vormittags von Leipzig
nach Wien, suchte kurz unsere Wohnung auf, um die Tasche
abzustellen und die Fotos einzustecken, und machte mich auf
den Weg in die Bösendorferstraße. Aus einem mir nicht ganz
nachvollziehbaren Grund fuhr ich aber nicht in die Bösendorferstraße, sondern in die Ebendorferstraße, wo ich als Stu-
dent gelegentlich in der katholischen Mensa zu Mittag geges-
sen hatte. Bei der Nummer vier suchte ich vergeblich einen
Hinweis auf die *Unabhängige Opferschutzanwaltschaft*, bis mir
auffiel, dass ich in der falschen Straße war. Ich kam dann doch
noch rechtzeitig beim richtigen Haus an, auf mein Klingeln
hin wurde die Haustür geöffnet. Dann ging ich jedoch eine
Etage zu weit nach oben und fand die Wohnungstür nicht. Bis
ich hörte, dass im Stockwerk darunter eine Tür geöffnet wurde.
Ich ging hinab und traf auf Waltraud Klasnic, die schon nach
mir Ausschau hielt.

Waltraud Klasnic war von 1996 bis 2005 als Kandidatin der
Österreichischen Volkspartei Landeshauptfrau des Bundeslan-
des Steiermark gewesen, wollte aber nie als Landeshauptfrau,
sondern immer als Frau Landeshauptmann angesprochen werden. Danach war sie bis 2011 ehrenamtliche Vorsitzende des
Kuratoriums des *Zukunftsfonds der Republik Österreich*, der Pro-
jekte unterstützt, die, wie es auf der Website heißt, *den Interes-*

sen und dem Gedenken der Opfer des nationalsozialistischen Regimes, der Erinnerung an die Bedrohung durch totalitäre Systeme und Gewaltherrschaft sowie der internationalen Zusammenarbeit dienen.

Sie war Mitglied im Europäischen Wirtschafts- und Sozialausschuss und Beraterin im Magna-Konzern Frank Stronachs. Im Jahre 2007 gründete sie gemeinsam mit Herwig Hösele, der schon ein enger Mitarbeiter in ihrer Zeit als Landeshauptfrau war, die Beratungsfirma Dreischritt GmbH. Mittlerweile wird Waltraud Klasnic von Herwig Hösele auch in ihrer Tätigkeit als *Unabhängige Opferschutzanwältin* unterstützt. Der Name Herwig Hösele war mir schon in der ersten Mail von Brigitte Bierlein begegnet. Damals hatte sie geschrieben:

Mit Ihrem Einverständnis würde ich Herrn Professor Herwig Hösele, der die Sekretariatsarbeit in der Kommission verrichtet, ersuchen, Sie über unsere (diskrete) Vorgangsweise bzw. den nun schon langjährigen Ablauf (die Kommission arbeitet seit 8 Jahren) zu informieren. Leider hat Herr Hösele mich nicht informiert, sonst hätte ich mir das Gespräch mit Brigitte Bierlein und in der Folge auch mit Waltraud Klasnic sparen können.

Ich saß im auffällig einfach eingerichteten Büro der *Unabhängigen Opferschutzanwaltschaft*, mir gegenüber die Leiterin dieser Institution und gleichzeitig Vorsitzende der *Unabhängigen Opferschutzkommission*, besser konnte ich es nicht treffen. Ich war, wieder dachte ich an ein mögliches Privileg, an der Spitze der österreichischen Hierarchie für die Aufarbeitung von Missbrauchsfällen im kirchlichen Bereich angelangt. Vielleicht war das aber gar nicht so ungewöhnlich. Waltraud Klasnic hatte mir ja geschrieben, dass sie in diesen Räumlichkeiten *seit 2010 Hunderte Gespräche geführt* habe. Ich traute es ihr zu, dass sie die Basisarbeit, die Dokumentation der Fälle und die Beratung der Hilfesuchenden, nicht scheute.

Waltraud Klasnic bot mir ein Glas Wasser an, ich legte wieder die beiden Fotos vor und erzählte die ganze Geschichte noch einmal. Wieder wunderte ich mich, dass sie, so wie zuvor Brigitte Bierlein, meine Missbrauchsgeschichte zwar mit großem Interesse verfolgte, sich aber keinerlei Notizen machte. Einmal nickte sie heftig und sagte, dass ihr ein bestimmtes, gerade geschildertes Verhalten wohlbekannt sei. Solche kurzen Bemerkungen hatten etwas Beruhigendes, weil für mich ja immer auch die Frage im Raum stand, ob sie mir wohl glauben werde.

Am Ende des Gesprächs sagte sie, dass für das eigentliche Gespräch die Ombudsstellen der Diözesen zuständig seien. Die von mir genannten Fälle hätten sich zwar im Bereich der Diözese St. Pölten ereignet, ich könne aber, falls mir dies lieber sei, meine Aussage auch vor einem Vertreter der Ombudsstelle der Diözese Wien machen. Sie gab mir eine Broschüre, in der die diversen Ombudsstellen und ihre für »Erstgespräche« zuständigen Mitarbeiter aufgelistet waren. Falls ich mich an die Diözese Wien wenden wolle, empfehle sie mir Univ.-Prof. Dr. Johannes Wancata, den Leiter der Klinischen Abteilung für Sozialpsychiatrie in Wien. Ich solle direkt mit ihm in Verbindung treten, sie werde ihn vorinformieren. Sie zeigte mir seine Mail-Adresse in der Broschüre.

Ich war so perplex über meine Naivität, dass ich zu keinerlei Widerspruch in der Lage war. Meine Aussage war erneut vergeblich gewesen, ich musste mich an Professor Wancata wenden, um endlich zu meinem »Erstgespräch« zu kommen.

6

Zur Zeit der Gründung der Klasnic-Kommission schrieb ich für das von Rotraud A. Perner herausgegebene Buch *Missbrauch: Kirche – Täter – Opfer* einen Artikel, der unter dem Titel *Jetzt bloß keine Hexenjagd* vorweg schon in der deutschen Zeitung *Die Welt* erschien und danach auch in der österreichischen Zeitung *Die Presse*. In der *Welt* war meinem Artikel von der Redaktion eine Art Warnung für die Leser vorangestellt worden:

Dieser Text ist eine Grenzüberschreitung. Er hat auch in der Redaktion Diskussionen ausgelöst. Weil er provoziert und Gefühle verletzen könnte. Wir drucken ihn als Dokument. Der Schriftsteller Josef Haslinger erzählt von seiner Jugend mit pädophilen Priestern und erklärt, warum das Strafgesetzbuch allein nicht weiterhilft.

Ich wüsste heute nicht, worin die Verletzung der Gefühle bestanden haben könnte, ich fürchte eher, dass dieser Artikel, im Gegenteil, eine Schonung der Gefühle betrieb:

Ich muss mir heute eingestehen, so schrieb ich in diesem Artikel, *dass es viele Möglichkeiten gegeben hätte, die damaligen sexuellen Kontakte abzuwehren und zu unterbinden. Ich habe diese Möglichkeiten nicht genutzt. Ich habe mich nicht gerade angeboten, dazu war ich zu schüchtern, aber ich habe, nach den ersten unerwarteten Annäherungen, schnell gesehen, wer aus einer bestimmten Neigung heraus sich umschaute. Und ich bin solchen Annäherungen nicht ausgewichen, sondern ich habe sie in gewisser Weise als Auszeichnung empfunden.*

Ich wurde in die geheime, aufregende Welt der Sexualität eingeführt. Ein Penis, der ejakuliert. Wenn man zwölf Jahre alt ist, will man das endlich einmal sehen. Dass es katholische Priester waren, die mir diese Welt eröffneten, mag ungewöhnlich sein. Aber sie waren ja nicht die einzigen. Ich hatte zu Gleichaltrigen und Älteren dieselben Kontakte wie andere auch. Ich war kein sozial gestörtes Kind, das hilflos dem Triebleben sakraler Päderasten ausgeliefert war. Ich war verstört, weil ich zu dieser Zeit ja auch noch ein sehr religiöser Mensch war und selbst Priester werden wollte. Die moralische Verstörung war weitaus übler als die erotische Konfusion.

Es liegt mir daran, in einem Moment, in dem alle Welt sich plötzlich über solche Vorgänge entrüstet, als hätten sie keine Tradition, nicht nur über die Verstörung, sondern über alle Gefühle Auskunft zu geben. Gefühle, die man gehabt hat, sollte man im Nachhinein nicht einfach zugunsten einer moralischen Entrüstung abschütteln, als hätte es sie nie gegeben. Es war nicht nur eine Last, ein solches Geheimnis zu haben, es war auch etwas Besonderes. (...)

Heute denke ich, es war vor allem das ständige Erniedrigtwerden bis hin zur allgegenwärtigen körperlichen Züchtigung, was im Nachhinein meine Hassgefühle hat wachsen lassen. In den Jahren, in denen außerhalb der Klostermauern über antiautoritäre Erziehung gesprochen wurde, wurden wir von den Protagonisten der Religion der Liebe – auf arabische Art, könnte man sagen – mit dem Stock geschlagen. Die Pädophilen waren in dieser Sphäre von klösterlicher Gewalt eine Oase der Zärtlichkeit. Das Kloster war ein Exzess in dieser und jener Richtung.

Diese Zeilen haben mir – zu Recht, wie ich heute meine – viel Kritik eingebracht, aber auch erstaunlich viel Zustimmung, die mir zum Teil schon unheimlich wurde. Als der Abt eines

Klosters, in dem mit Missbrauchstätern aus den eigenen Reihen der angemessene Umgang zu finden war, mir Zustimmung signalisierte und mich für seine Zeitung zum Gespräch bat, wurde mir klar, dass mein Text auch als Verharmlosung von Kindesmissbrauch an sich gelesen werden konnte.

Eigentlich war dieser Artikel ein Versuch, mir selbst zu erklären, wie es möglich war, dass ich mich nicht gegen die Übergriffe gewehrt und auch mit niemandem über sie gesprochen habe. Ich unterstellte mir retrospektiv eine Wahlfreiheit, die es in derart ungleichen Verhältnissen nicht geben kann. Aber ich musste als Kind mit der Situation irgendwie zurechtkommen und hatte niemanden, der mir dabei half. Paradoxerweise war der Einzige, zu dem ich ein inniges Vertrauensverhältnis hatte, derjenige, über den ich hätte sprechen müssen. Und so blieb mir als Kind schon gar nichts anderes übrig, als dem Geschehen eine Selbstbeteiligung abzugewinnen. Und was die erotische Konfusion betrifft, schien sich bald eine gewisse Linie herauszubilden, denn es stellte sich dann doch auch bei mir eine Erregung ein. Das konnte mir damals schon als Beweis dafür dienen, dass ich eine homosexuelle Veranlagung haben müsse. Mein sexuelles Wohlverhalten wurde damit belohnt, dass ich jemanden hatte, der sich um mich kümmerte.

Der Text beschreibt gewiss eine Erinnerungsselektion, aber eine, die schon in der Zeit des Missbrauchs begonnen hat. Und die es mir möglich gemacht hat, nicht das ganze Leben als Opfer von Pädosexuellen herumzulaufen. Indem ich mir die Art, wie ich als Kind mit der Sache umging, zu vergegenwärtigen versuchte, verlor ich ganz aus dem Auge, dass ich damals in der Falle saß und heute die Vorgänge ganz anders beurteilen kann als aus der Selbstbewältigungsperspektive eines weitgehend ausgelieferten Kindes.

Die heftigste Reaktion kam drei Tage später. Der Soziologe Gerhard Amendt veröffentlichte in der *Welt* eine Antwort unter dem Titel *Im Sog der falschen Erinnerung*, die ein klares diagnostisches Urteil über mich sprach:

Wer die Pädophilen in der Sphäre von klösterlicher Gewalt als eine Oase der Zärtlichkeit benennt, wie Josef Haslinger das tut, der enthüllt nicht nur das ganze Elend des damaligen Kindes, sondern ebenso das des gegenwärtigen Erwachsenen. Er scheint zeitlebens unfähig, sich gegen seine Missbraucher aufzulehnen. Stattdessen verheddert er sich in emotional wie politisch unergiebigen Sowohl-als-auch-Erwägungen. Es fällt ihm schwer, trotz der heutigen Stärke als Erwachsener seine Erfahrungen angemessen zu bedenken. Solche Angemessenheit ließ Gefühle des Zorns, der Rache, der grenzenlosen Enttäuschung erwarten, die selbst vor Vernichtungsphantasien angesichts von Erniedrigung und lebenslanger Glückseinschränkung nicht zurückschrecken. Diese Gefühle scheinen ihm aber nicht möglich zu sein. So kann als Zärtlichkeit noch heute benannt werden, was für andere allein die abstoßende Zuwendung gegenüber einem Kind in perverser Sexualbefriedigung war. Es war eben keineswegs nur ein harmloses kleineres Übel neben einem noch viel größeren. Damals wurde als Oase der Zärtlichkeit erlebt, was heute noch die eigene Fähigkeit zur Unterscheidung von Missbrauch und Zärtlichkeit verwischt und in schwer erträglicher moralischer Unentschiedenheit hält. (...) Wer als Erwachsener die eigene Verführung zu unerwünschter Sexualität im Rückblick noch immer aus dieser Perspektive erlebt, den haben die damaligen Erlebnisse tief beschädigt. Die Art, in der er als Kind manipulativ überlistet und sein Widerstand gegen Sexualität mit seinem Lehrer und Vorbild außer Kraft gesetzt wurde, kann er noch immer nicht als aggressiven Akt begreifen. So viel ist ihm die falsche Nähe der sexuellen Ausbeutung lebensgeschichtlich noch immer wert. Er verharrt im kindlichen Zustand der seelischen Ohnmacht gegenüber dem Vergangenen. (...) Er kann die

Klebrigkeit der missbräuchlichen Beziehung auch nach vielen Jahren nicht überwinden. Und so hat die kindliche Ohnmacht der Vergangenheit den Erwachsenen noch unbarmherzig im Griff. Er steht noch immer, was schwer nachvollziehbar für Außenstehende ist, auf der Seite seines Missbrauchers, der ihn umgarnt hat und dessen Handlungen ihn noch immer daran hindern, seine innere Freiheit trotz der Umgarnung wiederherzustellen. Wenn ihm das nicht gelingt, kann er gegen die zugefügte Sexualisierung, den Vertrauensbruch und die Ausnutzung seiner kindlichen Sehnsucht nach Zärtlichkeit nicht einmal wortgewaltig protestieren.

Besonders missfiel Herrn Amendt, dass ich die Kontakte mit pädosexuellen Priestern eine *Oase der Zärtlichkeit* genannt hatte. Aber nicht an sich, sondern gemessen am brutalen, gewaltvollen Erziehungsstil, dem ich sonst im Konvikt ausgeliefert war. Den Satz, der darauf folgt, hat Gerhard Amendt nicht mehr zitiert: *Das Kloster war ein Exzess in dieser und jener Richtung.*

Ich glaube immer noch, dass es legitim ist, die Kindeswahrnehmung, die überhaupt erst ermöglicht, dass es zu einer jahrelangen Abhängigkeit kommen kann, nachzugestalten. Und dazu gehört eben auch die Illusion, in diesem »Spiel« Mitspieler zu sein. Diese Illusion habe ich dargestellt, aber ich habe gewiss nicht deutlich genug betont, dass es sich um eine Illusion handelt. In Wahrheit war ich den Tätern kognitiv und sprachlich nicht gewachsen. Ich hatte ihrer jeweiligen Überredungskunst nichts entgegenzusetzen.

Man könnte meinen, Gerhard Amendt habe mich wachgerüttelt. Tatsächlich hatte sein Artikel aber damals den gegenteiligen Effekt. Ich war überzeugt, richtig zu handeln, wenn ich die Pädophilen, so wie ich sie erlebt habe, gegen die öffentliche Aufhetzung, die gegen sie eingesetzt hatte, in gewisser Weise auch in Schutz nehme, indem ich darstellte, dass die sexuellen Übergriffe, denen ich ausgesetzt war, keine brutale Vergewaltigung waren.

Aber ich habe mir keine Gedanken darüber gemacht, ob ein derart rücksichtsvolles Einfühlen in die Arrangements der pädophilen Täter nicht doch auch ein Teil des Selbstschonprogramms ist, das durch deren Wirken in mir angeworfen worden war. Der Vorstellung gegenüber, sexuell missbraucht worden zu sein, war die Vorstellung, Mitspieler gewesen zu sein und dadurch der Situation nicht ganz ausgeliefert, gewiss die erträglichere. Mein damaliges Empfinden, dass die beteiligten Erwachsenen mich auch geliebt haben, dass sie mit mir eine Art »geheimes« Bündnis bildeten, wollte ich nicht zugunsten der Vorstellung eines nüchternen Täterkalküls aufgeben, bei dem dann alle menschlichen Zuwendungen unter den Verdacht gestellt werden, nur Mittel zum Erreichen der pädosexuellen Befriedigung gewesen zu sein.

Ich wäre damals, als die Klasnic-Kommission gegründet wurde, nicht bereit gewesen, die Namen zu nennen. Ich forschte nicht einmal nach, ob die Täter noch lebten, ich stellte sie mir lebend vor, und ich stellte mir vor, was eine öffentliche Bloßstellung für sie bedeuten würde. Das wollte ich ihnen nicht antun.

Am Ende meines Artikels hatte ich über den Umgang mit Tätern gesprochen:

Das Hauptbestreben der Thematisierung von Pädophilie und Pädosexualität muss es sein, derzeitige Fälle aufzudecken und künftige zu verhindern. Die Aufarbeitung der Geschichte ist für die Opfer von Bedeutung. Sie haben einen uneingeschränkten Anspruch darauf. Aber die Gesellschaft? Immerhin wird der Intimbereich von Menschen berührt. Von Opfern und von Tätern. Egal wie er beschaffen ist, er steht unter dem Schutz unserer gesellschaftlichen Verfassung. Ich will diese Leute nicht am Pranger vorgeführt bekommen.

Von dieser Haltung bin ich bis heute nicht abgerückt. Wenn es sich um Verantwortungsträger handelt, die informiert waren, aber nichts unternommen haben oder, wie der Wiener Erzbischof Groër, gar selbst in pädosexuelle Praktiken verstrickt waren, dann sollen sie sich auch öffentlich ihrer Verantwortungslosigkeit stellen. Aber jeden Missbrauchsfall in der Öffentlichkeit im Detail auszubreiten ist nach wie vor nicht mein Ding. Empathie mit den Tätern ist für eine solche Haltung gewiss Voraussetzung. Aber ich bilde mir ein, sie gehört auch ein wenig zum humanistischen Standard.

Was sich bei mir allerdings grundlegend geändert hat, ist die Einschätzung der Tat. Die kann und will ich mir nicht länger schönreden. Als ich 2010 den Artikel schrieb, meinte ich, mit meinen verstörenden Kindheitserfahrungen selbst Frieden schließen zu können, ohne auf die Täter zu zeigen. Denn dafür waren sie, in der Perspektive meiner Bewältigungsstrategie, nicht Täter genug.

Und so war es mir gar nicht möglich, vor Gericht oder später zur Klasnic-Kommission zu gehen. Denn das hätte geheißen, sich selbst nunmehr als Opfer einer strafbaren und schändlichen Handlung zu sehen und die Täter zu benennen. So weit war ich damals nicht. Ich hatte, zum Missfallen von Gerhard Amendt, geschrieben:

Passen wir bloß auf, dass wir jetzt keine Hexenjagd inszenieren. Die Kinder sind zu schützen, keine Frage. Und die Opfer haben ein Recht, gehört zu werden. Aber was machen wir mit den Tätern? Es hat einen guten Sinn, dass es im Gesetz Verjährungsfristen gibt. Dafür hat es einmal ein Rechtsempfinden gegeben. Das Hauptaugenmerk kann doch nicht Tätern gelten, deren Straftaten verjährt sind. Alle Menschen sollen eine Chance haben zu lernen, wie man mit seinen Verhaltensweisen innerhalb des gesetzlichen Rahmens bleiben kann. Und wenn sie es gelernt haben, dann haben sie sich mehr an-

gestrengt als so mancher, der jetzt den moralisch Entrüsteten spielt, obwohl er die Fallen einer solchen Neigung nicht einmal ansatzweise kennt.

Ob Gerhard Amendt diesen Passus gemeint hat, als er schrieb, *stattdessen verheddert er sich in emotional wie politisch unergiebigen Sowohl-als-auch-Erwägungen?*

Wie verhindert man, dass Pädophile ihre Sexualität ausleben? Es gibt nur zwei Möglichkeiten. Entweder man grenzt sie aus unserer Gesellschaft aus, sperrt sie weg, oder man bietet ihnen Hilfe an. Bei manchen ist gewiss beides nötig. Sie müssen lernen, Strategien zu entwickeln, wie sie ihre sexuellen Begierden entweder gänzlich unterdrücken oder auf eine jeweils eigene Weise umlenken, ohne dass Kinder involviert sind.

Gerhard Amendt bezeichnet in seinen Artikeln Pädophile als »Perverse«. Das gibt ihnen etwas Monsterhaftes, etwas Unmenschliches, dem der »normale« Mensch nicht mehr folgen kann. Auch in seinem Gegenartikel in der *Welt* ließ er diese für uns »Normale« letztlich unzugängliche Abartigkeit der pädophilen sexuellen Orientierung anklingen:

All das ist schwer verständlich und abstoßend, weil normale Sexualität solch perverse Verdrehungen nicht kennt. Die Schwierigkeit, das nachzuvollziehen, hat nichts mit intellektuellen Fähigkeiten zu tun. Es ist das Wesen der pädophilen Perversion, dem wir mit unseren Gefühlen nicht folgen können. Denn das Perverse als Charakterstörung ist uns nicht eigen.

Mittlerweile herrscht weitgehend Konsens darüber, dass Pädophilie und Pädosexualität, wie auch die anderen sexuellen Orientierungen, Persönlichkeitsmerkmale sind und daher nicht wegtherapiert werden können. Die Pädophilen sind im Zuge der Liberalisierung der Sexualrestriktionen in eine einmalige und auch einmalig schwierige Lage geraten. Ihre sexuelle Orientierung ist nicht verboten, verboten ist jedoch die

Ausübung ihrer sexuellen Orientierung. Das ist kein Schicksal, das man sich wünschen möchte. Die Pädophilen sind zweifellos keine angesehene gesellschaftliche Gruppe. Ihre Reputation ist so schlecht, dass man ihnen mit SPAM-Mails die Hölle heiß machen kann:

Ich kann sehen, was du tust, Pädo.

Hör auf zu SHOPPEN und zu ficken, deine Zeit ist fast vorbei.

Ja, ich weiß, was du gestern gemacht hast. Ich beobachte dich.

(…) Weil du denkst, du bist schlauer und kannst mich ignorieren, poste ich die 4 Videos, die ich mit dir aufgenommen habe und die gerade für Kinder (sic!) masturbieren. Ich werde die von mir erworbenen Videos zusammen mit einigen Ihrer Daten in das Online-Forum hochladen. Ich bin sicher, sie werden es lieben, Sie in Aktion zu sehen, und Sie werden bald entdecken, was wir mit Pädophilen wie Ihnen machen.

Wenn Sie diese Bitcoin-Adresse bis nächsten Mittwoch nicht mit 5,000 Euro finanzieren, werde ich Ihre Verwandten und jeden auf Ihren Kontaktlisten kontaktieren und ihnen Ihre Pädophilie-Aufzeichnungen zeigen.

Schön, wie der Schreiber vom Du ins Sie wechselt und auch sonst einige Probleme mit der deutschen Sprache hat. Diese Mail stammt vom 22. August 2019. Ich kann davon ausgehen, dass viele sie wiedererkennen werden. Ich habe ihm geantwortet. »Ich bitte Sie sogar darum, die pädosexuellen Videos zu veröffentlichen. Ich suche gerade nach Beweisen.« Seither beschränkt es sich wieder darauf, dass mir ständig jemand Geld schenken will.

Es gab in der Zeitung *Die Welt* noch eine zweite Antwort auf meinen Artikel. Sie erschien am 19. März und stammte von Liane Dirks. Sie beschrieb aus eigener Erfahrung, *wie subtil, wie sanft und raffiniert ein Kind hinüber in das Schattenreich des Missbrauchs gezogen wird, jenes Reich, in dem die Grenzen verschwimmen zwischen Erwachsenem und Kind, zwischen Schutz und Preisgabe, zwischen Liebe und Gewalt.*

Und dann sprach sie über die Situation von erwachsenen Missbrauchsopfern, gleichsam über meine Lage, die sie ähnlich sah wie Gerhard Amendt, aber nicht in diesem anklagenden Ton.

Sie reden sich ein, dass es nicht so schlimm war, sie reden sich ein, dass sie selbst dran schuld waren, sie reden sich ein, sie hätten in Wahrheit Macht gehabt. Sie wären es, die den anderen in der Hand hatten. Aber das ist keine Macht. Diejenigen, die sich einreden, sie hätten den Täter in der Hand gehabt, sind ja gerade diejenigen, die sich nicht gewehrt haben.

Der letzte Satz hat mir mehr zum Nachdenken aufgegeben als alles, was Gerhard Amendt entgegnet hatte. Wenn man lange an selbstgestrickten Mythen festgehalten hat, scheut man den Ernüchterungsprozess. Liane Dirks hatte mir den Schritt voraus, dass sie ihr Buch schon geschrieben hatte.

7

In dem Plastiksackerl, in dem sich auch ein Teil der Korrespondenz aus meiner Zeit in Stift Zwettl fand, stieß ich auf ein Foto, das mich gemeinsam mit Frater Christian, einem Novizen, der uns in der zweiten Klasse in Geschichte unterrichtete, in einem Ruderboot sitzend zeigt. Ich schenkte dem Bild keine besondere Beachtung, weil Frater Christian nicht zu den Personen zählt, über die ich irgendetwas bei der Klasnic-Kommission ausgesagt hatte. Dann kramte ich in dem Plastiksackerl aber einmal zufällig von der anderen Seite und stieß dabei auf die Rückseite dieses Fotos. Dort stand mit Füllfeder geschrieben:

Zur lieben Erinnerung an unsere letzte gemeinsame Aktion auf dem Stausee am 22. Juni 1967. Alles Gute! Dein P. Gottfried

Aus einer Aussendung des Konvikts vor der Konzertreise nach Rom geht hervor, dass wir am 17. Juni um 13 Uhr von den Eltern im Kloster abgeholt worden waren und dass am 22. Juni, einem Donnerstag, diejenigen, die nach Rom mitfuhren, um 19 Uhr wieder im Kloster sein mussten. Die Bootsfahrt fand am Tag der Rückkehr ins Kloster statt. Ich musste meinen Vater gebeten haben, mich früher abzuliefern. Tatsächlich meine ich mich zu erinnern, dass außer Frater Christian und Pater Gottfried noch ein anderer Mitschüler an dieser Bootsfahrt teilnahm, an dieser *letzten gemeinsamen Aktion*, wie Pater Gottfried es ausdrückte. Es wird wohl auch das letzte

Zusammentreffen gewesen sein, weil er kurz darauf nach Heiligenkreuz zurückversetzt wurde. Und so hätte eine letzte Bootsfahrt mich daran erinnert, dass mir ein Jahr zuvor auf diesem Boot erstmals halbwegs klargeworden war, was dieser Mann von mir wollte. Als Kinder hatten wir die Erkundungen der Geschlechtsteile »Doktorspielen« genannt. Ich wollte es als eine Art Fortsetzung des Doktorspielens sehen, eine aufregende und aufwühlende, aber letztlich doch harmlose Intimität, von der man anderen nichts erzählt, weil Sexualität ja immer heimlich vollzogen wird.

Aber wann hat mir Pater Gottfried dieses Foto geschickt? Damals mussten die Filme zunächst in ein Fotogeschäft gebracht und entwickelt werden. Das dauerte eine Weile. Er wird mir dieses Foto in den Sommerferien 1967, so wie die drei schon angesprochenen Karten, an meine Heimatadresse geschickt haben. Als ich mir das vor Augen hielt, wurde mir klar, dass es wohl dieses Foto gewesen sein muss, das er der Karte, auf der er sich für meine Grüße aus Rom bedankte, beigelegt hatte: *Beiliegend ein Photo und ein Abziehbild.*

Aber dann hätte ich mich doch richtig erinnert. Das Foto von sich hat er mir in den Ferien davor geschickt, als er mich einlud, ihn im Kloster zu besuchen. Leider habe ich aus meinem ersten Jahr in Stift Zwettl keine Briefe oder Karten aufbewahrt. Aber ich habe es noch deutlich vor mir, wie ich das Foto daheim auf dem Bauernhof meiner Mutter zeige und wie sie es interessiert und anerkennend betrachtet. Ein junger, dunkelhaariger Mann im Habit auf einer Bank, die Füße übereinandergeschlagen, in der Hand das aufgeschlagene Brevier. Mit einem solchen Priester-Freund musste sie mich auf dem richtigen Weg sehen, auf dem Weg in die Tiefe des Glaubens. Persönlich war meine Mutter damals Pater Gottfried vermutlich noch gar nicht begegnet.

Ich weiß, dass ich einigen Menschen einen Gefallen tue, wenn sich in meinen Darstellungen Unschärfen oder gar Widersprüche auftun. Ich würde es gerne vermeiden, aber ich kann es nicht ändern. Ereignisse gruppieren sich um, je länger ich mich mit ihnen beschäftige. Es gibt auch Verwechslungen. Die Chronologie ist durcheinandergeraten, und ich muss mir Mühe geben zu rekonstruieren, wann was stattgefunden hat. Ich habe meine Erinnerungen mehrmals zum literarischen Stoff gemacht und sie damit in gewisser Weise auch variiert und überschrieben. Ich kann oft nicht sagen, wo und wann ein bestimmtes Ereignis stattgefunden hat. Bei anderen Ereignissen wiederum weiß ich mehr über die Umstände als darüber, was dann eigentlich genau passierte.

Als ich auf der Rückseite des Ruderbootfotos mit Frater Christian die Zeilen von Pater Gottfried entdeckte, kam mir der Gedanke, ich könnte in meiner Imagination Frater Christian weglassen und mir eine Szene allein mit Gottfried konstruiert haben. Vielleicht damals, als ich während meines ersten Aufenthalts auf Mallorca die Erzählung *Die plötzlichen Geschenke des Himmels* schrieb. Andererseits habe ich das Bild, wie Pater Gottfried zu meiner Überraschung eine Flasche Wein aus der tiefen Seitentasche seines Habits holt, so deutlich als Kindheitserinnerung vor mir, dass ich es nicht einem literarischen Einfall zuschreiben will. Aber kann ich mit Sicherheit sagen, dass er die Flasche Wein nicht bei der zweiten Bootsfahrt aus der Tasche geholt hat, gleichsam als Abschiedstrunk gemeinsam mit Frater Christian und einem Mitschüler?

Diese Sicherheit habe ich nicht. Aber zu deutlich ist die Erinnerung an die mit dem Weintrinken verbundene Zudringlichkeit im Boot, zu deutlich bringe ich die Einsicht, dass der Penis eines vermeintlich Homosexuellen nicht lang und dünn ist, mit dem Ruderboot auf dem Stausee in Verbindung. Ich habe ja nicht einmal ein Bild vor mir, das Ganze spielte sich unter dem Habit ab, wo er meine Hand führte. Es hätten uns ja auch Menschen beobachten können. Auch an mein »Versagen« erinnere ich mich, weil ich keine Erektion bekam, obwohl er an mir herumfummelte. Das Versagen hielt eine Weile an, bis sich das änderte.

Was in der Klosterzelle geschah, weiß ich nicht mit Gewissheit zu sagen. Da überlappen sich zu viele Bilder. Ich habe nur die einigermaßen klare Erinnerung an das Zurückschleichen über den langen Dachboden mit den Feuermauern und den spärlichen Lichtern, als er mich zu meinem Zimmer zurückbrachte.

Am nächsten Morgen – und das weiß ich nun wieder ganz deutlich – frühstückte ich in einem an die Klosterküche angrenzenden Raum, zusammen mit dem Arbeitspersonal des Klosters, darunter der Portier und einige andere Stiftsangestellte. Die Frau, die uns das Essen servierte, erkannte mich, weil ich bei den Sängerknaben turnusmäßig auch Essensträger war. Nach dem Frühstück kam Pater Gottfried und wartete mit mir auf der Bank vor der Pforte auf die Ankunft meines Vaters. Mich würde heute interessieren, worüber wir damals gesprochen haben. Ich habe keine Vorstellung davon. Aber ich erinnere mich an die Heimfahrt. Mein Vater fragte mich, ob außer mir noch andere Sängerknaben da gewesen seien, und mir fiel es nicht leicht zu sagen, dass ich der einzige war. Er fragte mich, wie die Fahrt mit dem Ruderboot war. Ich sagte ihm, dass sie schön war. Und dann erzählte ich ihm, dass ich mit den Patres im Refektorium essen durfte.

Dass Pater Gottfried mich mit dem Versprechen auf eine Ruderbootfahrt nach Stift Zwettl locken konnte, war für meinen Vater gut nachvollziehbar. Er hatte mir das Rudern beigebracht und mich gelobt, weil ich mich geschickt anstellte und die Ruder nicht auf das Wasser platschen ließ. Die Einladung zur Ruderbootfahrt hat eine schöne Kindheitserinnerung zur Vorgeschichte.

Bevor ich nach Stift Zwettl kam, war ich selten von zu Hause fort gewesen. Drei- oder viermal durfte ich dabei sein, wenn meine Eltern zu ihrer jährlichen Wallfahrt nach Mariazell aufbrachen. Wir hatten nach dem Motorrad mittlerweile einen *Puch 500* und fuhren um vier Uhr in der Früh los, mit reichlich Proviant an Bord. Die Fahrt dauerte vier bis fünf Stunden. Asphaltstraßen waren damals in unserer Gegend noch eine Seltenheit. Und es musste auch die Rückfahrt noch am selben Tag bewältigt werden. Am jährlichen Wallfahrtstag meiner Eltern wurden unsere Rinder von den Nachbarn versorgt.

Es hatte natürlich einen Grund, warum meine Eltern jedes Jahr nach Mariazell fuhren. Deshalb hielten sie sich auch so lange in der Gnadenbasilika auf. Es war ein Gelöbnis. Am Ende ihrer Andacht schritten sie mit uns Kindern die Seitenaltäre entlang, an denen in unterschiedlichen Sprachen für die Pilger aus den ehemaligen Kronländern der Monarchie die Messe gelesen wurde. Die Pilgergruppen hielten Schilder hoch mit der Aufschrift, woher sie kamen. Gleich außerhalb des Kirchentors begann das Vergnügen von Mariazell. Wir gingen die Stände entlang, in denen eine Mischung aus heiligen, unterhaltsamen, kulinarischen und alkoholischen Artikeln verkauft wurde. Irgendetwas war bei diesem Rundgang immer zu finden, und wenn es nur ein Mariazeller Kräuterlikör war. Einmal kaufte mein Vater eine Holztafel, auf der stand in verschnörkelter Schrift: *Acht Tage war der Vater krank, jetzt trinkt er wieder, Gott sei Dank.* Er hängte die Tafel in der Wohnküche auf. Die Bauern, die uns besuchten, waren, so wie ich, dem Humor meines Vaters sehr zugetan.

Wenn der Vater schon einkaufte, wurde natürlich auch den Kindern ein Eis spendiert. Für mich war das alles sehr aufregend, aber noch immer nicht der Höhepunkt der Reise, der stand uns nach der Abreise von Mariazell bevor. Wir fuhren zum Erlaufsee und mieteten ein Ruderboot. Auf einem See Boot fahren, das war der absolute Traum für mich gewesen, der sich damals nur bei der Wallfahrt nach Mariazell erfüllte. Mein Vater brachte mir das Rudern bei. Als wir in der Nacht mit dem Auto ins Waldviertel zurückfuhren und Marienlieder sangen, hatte ich eine Marienerscheinung. Vielleicht weil ich dachte, dass ich den schönen Tag, den ich gehabt hatte, Maria verdankte. Heute kann ich mir gut vorstellen, dass ich Pater Gottfried von der Marienerscheinung und meiner Leidenschaft für das Rudern erzählte.

Gegen eine Einladung zum Ruderbootfahren auf dem Kamp konnten meine Eltern nichts haben. Sie gönnten mir die Freude. Meine Mutter hat mir vor Jahren bestätigt, dass sie, was meine Beziehung zu Pater Gottfried betrifft, völlig ahnungslos war. Mein Vater hatte manchmal nachgefragt. Ich weiß nicht, ob er einen Verdacht schöpfte, wenn er mich zu Pater Gottfried brachte. Nach meiner Zeit in Stift Zwettl erlebte ich mit ihm eine Phase des Zerwürfnisses, die ein paar Jahre, bis zu meiner Studienzeit, andauerte. Heute kann ich ihn nicht mehr fragen, weil er schon im Jahre 1978, im Alter von 49 Jahren, gestorben ist.

In einem anderen Fall habe ich eine scharfe Erinnerung an das Ereignis, weil es erstmalig und einmalig war, weiß es aber zeitlich nicht recht zuzuordnen. Gemessen an der Höhe der Räume, die ich vor mir sehe, fand der Vorfall im Wasch- und Toilettenbereich eines Klosters oder jedenfalls eines alten Gemäuers statt. Bei meiner Aussage vor der Klasnic-Kommission habe ich den Vorfall der Romreise zugeordnet, weil wir auf

dieser zweiwöchigen Konzertreise meistens in Klöstern untergebracht waren. Nach Durchsicht aller Fotos, die ich von unserer Romreise im Juli 1967 fand, muss ich mir eingestehen, dass
ich mich wohl geirrt habe. Zwar wird der »Organist und Pianist Direktor Adolf« im Reisebericht von Pater Bruno als Teil-
nehmer angeführt, ich fand aber kein einziges Gruppenfoto,
auf dem ich mit Viktor Adolf abgebildet bin. Offenbar habe
ich mich damals noch nicht in seiner Umgebung aufgehalten.
Er bevorzugte die älteren Buben, die ihn zum Teil duzten. Die
Einladung von Viktor Adolf, mich mit ihm nach dem Schlafen-
gehen im Waschraum auf eine Zigarette zu treffen, ist wohl
kaum während der Romreise erfolgt.

Nach der Rückkehr von der Romreise sandte der Chorleiter,
Pater Stephan Holzhauser, ein Rundschreiben an die Eltern, in
dem er sich zunächst vor allem bei Pater Bruno *für alle seine
Mühen* bedankte. Danach bedankte er sich bei unserem *langjährigen treuen Konzertbegleiter – Herrn Dir. Adolf. Immer wieder
zu Späßen mit den Buben aufgelegt, immer wieder ihr Freund und
Vater zugleich: Wir danken ihm und wünschen ihm, daß er immer so
bleiben möge!*

Für den klar erinnerten Vorfall kommen im Prinzip noch
drei weitere Gelegenheiten in Frage. Unter den längeren Kon-
zerttouren wären das die Jugoslawienreise vom November
1967 und die Reise zum internationalen Pueri-Cantores-Treffen in Treviso im Juli 1968. Im ersten Fall wäre ich zwölf Jahre
alt gewesen. In der *St. Pöltner Kirchenzeitung* vom 26. November 1967 wird auf der mittleren Doppelseite in einer Foto-
reportage über die Jugoslawienreise der Zwettler Sängerknaben berichtet. Eine Aufnahme zeigt uns alle zusammen im
Bus. Ich sitze in der letzten Reihe am Fenster, neben mir der
mitgereiste Organist und Pianist Viktor Adolf. Wenn es bei
der Jugoslawienreise war, wüsste ich aber nicht anzugeben, in

welchem Kloster das Ereignis stattgefunden haben soll, weil wir in den meisten Orten bei Pflegeeltern untergebracht waren, mit denen ich noch zwei Jahre lang Weihnachtsgrüße austauschte.

Möglicherweise fand das Ereignis aber in der letzten Nacht der Konzertreise statt, die uns zum internationalen Sängerknabentreffen nach Treviso geführt hatte. In diesem Fall wäre die Einladung zu einer Nachtzigarette am Vorabend meines 13. Geburtstages in der Trappistenabtei in Engelszell in Oberösterreich erfolgt. Das erscheint mir als die wahrscheinlichere Variante.

Ich kann aber auch nicht ausschließen, dass der Vorfall schon einen Monat früher stattfand, beim österreichischen Pueri-Cantores-Treffen in Hollabrunn. Wir gaben am 4. Mai ein Konzert im Festsaal des Bundesgymnasiums, bei dem Viktor Adolf Klavier spielte, und wir übernachteten im Knabenseminar, das damals Priesterseminar genannt wurde. Am nächsten Tag gestalteten wir in der Stadtpfarrkirche ein Hochamt, bei dem Viktor Adolf als Organist tätig war. In diesem Priesterseminar gab es wahrscheinlich einen solchen hohen Waschraum mit einem offen angrenzenden Toilettenbereich, in dem die Höhe der Kabinen sich bescheiden ausnahm gegenüber dem Luftraum, der noch darüber lag.

Ich kam zur vereinbarten Zeit. Es war wohl eine halbe Stunde nach dem Zu-Bett-Gehen. Viktor Adolf stand im Pyjama beim offenen Fenster und rauchte. Er bot mir die versprochene Zigarette an, gab mir Feuer. Wir rauchten und redeten. Sein ganzes Verhalten war so, als wäre ich kein Kind, sondern als würden wir uns unter Männern austauschen. Er war kumpelhaft und begann, zu sexuellen Themen zu wechseln, er begann zu schweinigeln, wie man bei uns sagte. Er hatte nicht die süße Art von Pater Gottfried, sondern wirkte sehr männlich auf mich. Er sagte, ich solle ihn duzen, was ich von da an auch tat. Zweifellos war er betrunken. Er erzählte mir einen Männerwitz, der zu dumm ist, um ihn nachzuerzählen, der mir aber gut im Gedächtnis geblieben ist, vielleicht weil Viktor Adolf das männliche Geschlechtsteil, das im Mittelpunkt des Witzes stand, Schwanz nannte, eine Bezeichnung, die mir damals neu war. Nach einer weiteren Zigarette war ich ihm gut genug für eine Masturbationshilfe.

Mir will das nach wie vor nicht als ein sonderlich tragischer Übergriff erscheinen, und ich überlegte sogar, es aus dem Protokoll der »Erstaussage« wieder herauszustreichen. Aber dann las ich in dem mir von Frau Klasnic überreichten Informationsblatt nach, was *die Ombudsstelle für Opfer von Gewalt und sexuellem Missbrauch in der katholischen Kirche* als sexuellen Missbrauch definiert:

Sexueller Missbrauch beinhaltet: wenn Betroffene von Täter / innen zu deren sexueller Erregung

- *beobachtet, berührt oder im Intimbereich angegriffen werden*
- *zu sexuellen Praktiken gezwungen oder überredet werden*

oder wenn Betroffene gezwungen werden, den Täter / die Täterin

- *nackt zu betrachten*
- *oder bei sexuellen Praktiken zuzusehen.*

Ich las das und ließ die Aussage über Viktor Adolf im Protokoll. Er war der Stiftsorganist gewesen. Wenn er seine Bach-Etüden auf der Egedacher-Orgel zum Fortissimo steigerte, versetzte das die gotische Hallenkirche in einen Klangwirbel, wie ich ihn in dieser Intensität erst wieder ein paar Jahre später bei Rockkonzerten erfahren konnte. Wir verehrten Viktor Adolf wegen seines maßlosen Orgelspiels. Bei Singmessen mit Männerstimmen sang er bei uns im Chor Bass. Der Übergriff,

den er sich an mir erlaubte, hat mein mühsam zusammenge-
stückeltes Bild von Homosexualität erneut durcheinanderge-
wirbelt. Er war Vater mehrerer Kinder, die mit seiner Frau in
der Kirchenbank saßen, wenn er seinen Bass anstimmte, wobei er stets den Unterkiefer ein wenig zur Seite zog: *Crucifixus
etiam pro nobis sub Pontio Pilato.*

Ein Familienvater, der homosexuell ist? Oder war das eine
Einführung in die Praktiken der Männerwelt? Männer rau-
chen gemeinsam Zigaretten und masturbieren gemeinsam?
Obwohl es ein singuläres Ereignis blieb, löste es einen neuen
Schub an Verwirrung in meiner ohnedies schon einigermaßen
verworrenen Vorstellungswelt von Sexualität aus.

Das kumpelhafte Verhalten Viktor Adolfs blieb von da an
erhalten. Ich durfte ihn weiterhin duzen. Allerdings traf ich
ihn bald seltener, weil ich im Herbst 1968 wegen meines
Stimmbruchs aus dem Chor ausschied. Wenn ich ihm jedoch
am Rande eines Konzertes oder bei einer Feier begegnete, war
er nach wie vor gut dafür, mir einen schlüpfrigen Witz zuzu-
raunen. Zu sexuellen Kontakten kam es nicht mehr.

Er will immer noch verharmlosen, höre ich Gerhard Amendt
sagen. Und ich will ihm ja in gewisser Weise auch recht geben.
Aber jedes Ereignis, das einem begegnet, trifft auf einen bestimmten Schatz an Erfahrung, von dem her wir es wahr-
nehmen.

Wenn der Übergriff Viktor Adolfs meine erste sexuelle Begegnung mit einem Erwachsenen gewesen wäre und nicht die
Fortsetzung vergleichbarer Erfahrungen in meiner Karriere
als Missbrauchskind, hätte er gewiss für mich noch einen ganz
anderen Stellenwert gehabt. Um zu erklären, warum ich immer noch geneigt bin, ihn herunterzuspielen, muss ich das
Umfeld meiner sexuellen Kontakte als Zwölfjähriger skizzie-
ren. Pater Gottfried hatte ich es zu verdanken, dass ich mich

mit meinem Schicksal, dass ich wohl ein Homosexueller sein müsse, zu arrangieren begann.

Es gab ein Krankenzimmer im Konvikt, um singuläre Grippefälle, Masern und dergleichen von der Gruppe fernhalten zu können. Die Kranken bekamen von der Konviktstante Hedwig das Essen ans Bett serviert. Sie hatten ein eigenes Waschbecken. Man traf sie nur auf der Toilette.

Einer, der ein gutes Jahr älter war als ich, erzählte mir bei dieser Gelegenheit, dass im Krankenzimmer auch Äpfel gelagert seien. Ich könne gerne nach dem Lichtabdrehen zu ihm kommen und mir einen Apfel holen. Ich ließ auch diese Nachstellung der urbiblischen Verführungsszene nicht aus. Ich schlich in der Dunkelheit aus dem Schlafsaal. Im Krankenzimmer wurde ich schon erwartet. Der Mitschüler zeigte mir die Steige mit den Äpfeln und ermunterte mich, gleich zwei zu nehmen. Als ich mich schon bedankt hatte und gehen wollte, nahm er mir die beiden Äpfel wieder ab und legte sie auf den Tisch. Er zeigte mir seinen erigierten Penis und ließ sich von mir masturbieren.

Mit einem anderen, der ebenfalls ein Jahr älter war, geriet ich in eine Rauferei, wir wälzten uns am Boden, plötzlich wurde er sehr nachgiebig, nahm meine Hand und zog sie zu seinem Schritt. Er tat damit nichts anderes als Pater Gottfried. Und so war es nicht verwunderlich, dass wir in unserer neuen Bubenintimität irgendwann auch auf Pater Gottfried zu sprechen kamen. Von diesem Mitschüler weiß ich, dass Pater Gottfried sich gerne an den Besuchssonntagen, an denen mein Mitschüler wegen der Entfernung seines Elternhauses oft im Konvikt bleiben musste, an ihn heranmachte. Da boten sich bessere Gelegenheiten, denn die am Besuchssonntag zurückgebliebenen Buben konnten sich im Kloster ziemlich frei bewegen. Einige hatten an den Besuchssonntagen ein besonders vertrautes Verhältnis zu Pater Maurus, der ebenfalls gerne vorbeikam, um sich mit den im Konvikt Verbliebenen die Zeit zu vertreiben.

In meinem zweiten und dritten Sängerknabenjahr, als Elfjähriger und Zwölfjähriger, war ich bei drei Mitschülern wiederholt Masturbationshelfer. Hinzu kamen die Begegnungen mit Pater Gottfried. Die Berührung eines fremden Penis war für mich nichts Exotisches mehr, als Viktor Adolf mich auf eine Zigarette in den Waschraum einlud. Ich hatte damit schon bald zweijährige Erfahrung. Bei mir war es die innere Verwirrung meines Konzepts von Sexualität, die dem Ereignis die Bedeutung gab. Die sexuelle Spielerei mit Gleichaltrigen war auch in meiner damaligen Wahrnehmung etwas anderes als die sexuelle Begegnung mit Erwachsenen. Und daneben träumte ich immer noch von Mädchen.

Im Frühjahr 1967 erkrankte ich an der Hongkong-Grippe. Ich kam ins Krankenhaus Zwettl, wo ich als exotischer Fall herumgereicht wurde. Der Primar kam bei der Visite zu mir ans Bett und sagte zu seinen Kolleginnen und Kollegen: »Das ist die berühmte Hongkong-Grippe.« Diese professionelle Verliebtheit in meine Krankheit führte dazu, dass ich endlose Tage, an denen es mir eigentlich gutging, herumstreunend im Krankenhaus verbrachte.

In der Frauenabteilung war ein etwa gleichaltriges Mädchen untergebracht, das sich ebenfalls im Krankenhaus frei bewegen konnte. Sie hatte einen Schlafrock mit Kordeln, an denen ich, wenn wir uns trafen, drehen durfte. Am Ende des Aufenthalts im Krankenhaus waren ihre Kordeln schon ganz grau geworden. Ich schrieb ihr von Stift Zwettl einen Brief. Den aufzugeben war eine komplizierte Sache. Unsere Post wurde vom Präfekten gelesen und gelegentlich auch zurückgegeben, weil sich unerwünschte Formulierungen oder zu viele

Rechtschreibfehler eingeschlichen hatten. Den Brief an meine junge Krankenhausbekanntschaft konnte ich auf keinen Fall nach vorne auf den Katheder legen, wo Pater Bruno die angesammelten Briefe und Karten während der Studierzeit durchlas und den einen oder anderen Mitschüler zu sich rief. Ich meldete mich als Ministrant für die Morgenmesse und lief dann, vor der Rückkehr ins Konvikt, noch schnell in den äußeren Stiftshof, den sogenannten Lindenhof, wo sich das Postamt befand.

Am nächsten Heimfahrsonntag wollte Pater Bruno nach dem Hochamt noch meine Eltern sprechen, bevor sie mich zu sich nach Hause nehmen durften. Auf der Heimfahrt sollte ich meinen Eltern über einen Brief Auskunft geben, von dem ich nichts wusste. Offenbar hatte mir meine Krankenhausbekanntschaft geschrieben. Aber ich konnte, im Gegensatz zu meinen Eltern, nicht ahnen, was sie geschrieben hatte.

Dass ich nun so früh mit Mädchen anfange. Meine Mutter sah meine Zukunft als Priester dahinschwinden. Ich solle mich auf das Lernen konzentrieren und mir die Mädchen aus dem Kopf schlagen.

Zu Hause steckten meine Eltern die Köpfe zusammen, um den Brief gemeinsam in Ruhe durchzulesen. Zufällig war auch noch meine Taufpatin zu Besuch, eine strenge, alleinerziehende Mutter, die bei ihrem Sohn ein ganzes Folterinstrumentarium an Erziehungsmaßnahmen anwandte. Mit ihr im Nacken sah sich mein Vater herausgefordert, den Strengen zu zeigen. Ich wurde von den Dreien zur Rede gestellt. Meine Mutter fragte mich: Warum machst du dir Sorgen, ob der Schlafrock wieder rein geworden ist? Wann ist er denn dreckig geworden? Was habt ihr denn da gemacht?

Mein Vater hielt eine Ohrfeige für angebracht, doch ich lief ihm davon. Ich versteckte mich draußen im Holzschuppen, wo mich später meine Taufpatin fand, um mir erneut ins Gewissen zu reden. Ich sei viel zu jung, um an Mädchen zu denken. Ich musste ihr versprechen, dass ich mit diesem Mädchen keinen Kontakt mehr haben würde. Wenn ich mich recht erinnere, blieb mir die Ohrfeige meines Vaters letztlich erspart.

In der dritten Klasse durften wir erstmals auf Skikurs fahren. Wir waren in Flachau gemeinsam mit Schülern des Humanistischen Gymnasiums von Krems untergebracht. In meiner Skigruppe war ein Mädchen aus der sechsten Klasse, in die ich mich verliebte. Mit meinen neuen Skiern, die mir unser Chorleiter Pater Stephan Holzhauser geschenkt hatte, und vielleicht auch ein wenig mit meinen Fahrkünsten konnte ich sie so beeindrucken, dass sie mich jungen Schnösel ein wenig beachtete.

Auch an sie gab ich nach der Morgenmesse einen Brief im Postamt auf, musste aber im Telefonbuch erst ihre Adresse herausfinden. Ich habe nie eine Antwort bekommen. Oder sie wurde mir nicht ausgehändigt.

Ein Mitschüler war der Ansicht, dass wir am ehesten mit einer Dreizehnjährigen Geschlechtsverkehr haben sollten, weil die ein Jahr älter wäre und schon mehr Erfahrung hätte. Die Tochter eines Stiftsangestellten war in diesem Alter. Sie sang in einer Jungschargruppe, die hin und wieder in unserem Musikzimmer probte. Wenn ich ihr begegne, so hatte ich meinem Klassenkollegen gegenüber geprahlt, werde ich ihr auf die Brust greifen. Einmal ergab es sich, dass der Jungscharchor gerade seine Probe beendet hatte und vom Musikzimmer die Stiege herunterkam, während wir zu unserer Probe hinaufgingen. Nun begegnete ich ihr tatsächlich, und ich hatte meine großmäulige Ankündigung in die Tat umzusetzen. Ich drängte mich zu ihr hin und griff ihr mit beiden Händen auf die Brüste. Und das war dann die Geschichte mit der Tochter des Stiftsangestellten.

Diese frühen Versuche, mit dem anderen Geschlecht in Kontakt zu kommen, verliefen allesamt recht unglücklich. Ich kam mehr und mehr zur Überzeugung, dass ich homosexuell sein müsse. Aber das wollte ich nicht sein. Gewiss wurde das Erwachen meiner Sexualität durch die vielen – wenngleich ausnahmslos gleichgeschlechtlichen – Intimkontakte gefördert. Die Geschichte mit Viktor Adolf war insofern bedeutend, als sie meine neue Identität als latenter Homosexueller einerseits bestätigte, andererseits in Frage stellte und mich verwirrte. Viktor Adolf hatte Sex mit seiner Frau und masturbierte mit Knaben. Nichts schien sich auszuschließen.

Dem Eindruck der Orgelkünste von Viktor Adolf war es wohl geschuldet, dass ich in den Ferien am Ende der dritten Klasse unbedingt das Orgelspiel lernen wollte. Ich hatte bis dahin zwei Jahre Geigenunterricht und ein Jahr Klavierunterricht gehabt. Meine Mutter stellte Erkundigungen an und fand jemanden, der bereit war, mir einmal in der Woche Orgelunterricht zu geben. Es war der Pfarrer von Marbach, den ich bis dahin nicht kannte, weil er nicht zu den Ordensbrüdern von Stift Zwettl gehörte.

Ich war zwar erst dreizehn Jahre alt, fuhr aber mit dem Moped meines Bruders (der ebenfalls noch nicht alt genug war) zum Pfarrhof nach Marbach, etwa 25 Kilometer. Dort erwartete mich ein freundlicher älterer Herr, der mir etwas zu trinken anbot. Er hatte von Anfang an eine schleimige Art, mit mir umzugehen, aber ich musste dankbar sein, dass er mir Orgelstunden geben wollte. Wir gingen in die Kirche und dann hinauf auf den Chor, wo er mich bat, mich neben ihn auf die Orgelbank zu setzen. Er begann, mir die Orgel zu erklären, führte mir das Pedal vor, und dann sollte ich das Bedienen des Pedals auch gleich einmal selbst versuchen. Als er mir auf den Oberschenkel griff, war es am Anfang so, als wollte er nur meine Fußbewegungen lenken, doch bald begann er, mich zu streicheln und arbeitete sich zielbewusst zwischen meine Beine hoch.

Ich weiß nicht, woher ich plötzlich den Mut nahm, aber es war das erste Mal, dass ich mich wehrte. Er begann, mich zu bedrängen, und meinte, dass daran doch nichts Schlimmes sei. Ich blieb dabei, dass ich das nicht wolle. Da schien er die Lust an der Musikpädagogik zu verlieren. Wir brachten zwar die Orgelstunde zu Ende, aber es blieb die einzige meines Lebens.

8

Nach der Begegnung mit den Mönchen von Heiligenkreuz auf dem Wiener Flughafen wurde mir klar: Wenn ich diesen Gottfried in meinem Leben noch einmal loswerden will, muss ich mich stellen. Ich muss aussagen, Klartext reden und die Männer, die mich so verstört haben, dass sie mich ein Leben lang verfolgen, endlich benennen. Dies wurde mir zum Anlass, nachzuforschen, ob Pater Bruno, Pater Maurus und Viktor Adolf noch lebten, und dann begann ich, mich auf der Website der Klasnic-Kommission umzusehen.

Nicht nur meine weiterhin bestehende Empathie mit den Tätern war für die Verzögerung meiner Bereitschaft, vor die Klasnic-Kommission zu treten, verantwortlich. Es ist nicht ganz leicht zu erklären, warum sich dieses seltsam ambivalente Verhalten, das ich gegenüber den Missbrauchstätern habe, auch in meiner Beziehung zur Kirche widerspiegelt. Obwohl ich aus der katholischen Kirche ausgetreten bin und diese Religion, wie man sagt, so gut wie verloren habe, hat sie doch in meiner Kindheit in so vielfacher Weise den Ton angegeben, dass sie von meinem Leben nicht einfach abgetrennt werden kann.

Ich konnte kaum gehen, da war ich, so paradox es klingen mag, schon ein regelmäßiger Kirchgänger. Bei der Anreise in den Nachbarort Etzen, wo es die Kirche, den Kaufmann und die Schule gab, saß ich auf dem Tank eines Motorrads und hielt mich am Tankdeckel fest. Aber links und rechts von mir waren die Arme meines Vaters. Hinter ihm saß mein Bruder auf dem Schoß meiner Mutter. Einen Sonntag ohne Messe, das gab es bei uns nicht, solange ich mich erinnern kann. Was an katholischen Zeremonien und Ritualen zu haben war, habe ich mitgelebt, vom Kornfeldbeten im Frühling bis zum Herbergsuchen im Winter, von den Taufen, Erstkommunionsfeiern und Firmungen in der Familie und im Dorf bis zu den Versehgängen und Totenwachen. Und was es an christlichen Jugendträumen gab, habe ich mitgeträumt, von den frühen Jazzmessen bis zur großen popkulturellen Vermarktung des Christentums im Musical *Jesus Christ Superstar.* Von der Versöhnungsinitiative der ökumenischen Ordensgemeinschaft des Frère Roger im südfranzösischen Taizé bis zur Begeisterung für die lateinamerikanische Befreiungstheologie. Zum Popstar Ché Guevara gesellten sich in meiner Vorstellungswelt als Fünfzehnjähriger schon der kolumbianische Priester und Befreiungskämpfer Camilo Torres und der brasilianische Erzbischof Dom Hélder Camara, der Begründer der christlichen »Basisgemeinden«.

Ich bin in dieser Religion kulturell verwurzelt, und ich habe Geschwister und Freunde, die in kirchlichen Diensten stehen. Immer noch hoffe ich mit ihnen, dass die Kirche sich gründlich reformieren lässt, damit sie endlich Menschenrechtsniveau erreicht, bevor sie allen Zögerlichen voranschreiten kann in der weltweiten Verwirklichung der Nächstenliebe. Auch wenn ich ausgetreten bin, ist mir das Schicksal der christlichen Kirchen nicht gleichgültig geworden.

Und gerade deshalb hätte ich eigentlich schon früher vor die Kommission treten müssen. Aber dieses tiefe Verwurzeltsein in der katholischen Welt mag wohl auch ein Grund dafür sein, dass ich selbst jetzt mit dem »Nestbeschmutzen« nur scheibchenweise vorankomme, weil ich mich zum Beispiel ernsthaft frage, wie der mir persönlich unbekannte Abt von Stift Zwettl es aufnehmen wird, wenn er von der Diözese St. Pölten die Anklage eines älteren Herrn vorgelegt bekommt, in der dieser behauptet, er sei vor fünfzig Jahren in seinem Kloster sexuellen Übergriffen ausgesetzt gewesen.

Gleichzeitig weiß ich, der Abt ist keiner der Täter. Wenn es bei solchen Skrupeln wirklich nur um Identifikation mit dem Täter ginge, wie man gemeinhin sagt, dann schließt das nicht eine mir völlig unbekannte Person wie den derzeitigen Abt von Stift Zwettl ein. Offenbar ist die ganze Kirche für mich ein Tätersyndrom geworden, als müsste ich nicht nur den wirklichen Tätern, sondern gleich der ganzen Kirche beim Verharmlosen helfen.

Es scheint so etwas wie ein Schutzbedürfnis der eigenen Kindheit zu geben. Auch wenn man aus dem Nest letztlich rausgefallen ist oder rausgeworfen wurde, es war das Nest, in dem man herangewachsen ist. Ich habe mir ein Foto der sehr klein gewordenen Klostergemeinschaft von Stift Zwettl angesehen und nur wenige Mönche erkannt. Aber das reichte, um mich zu beruhigen. Es gibt im Kloster noch Menschen, die vom Verhalten der drei von mir beschuldigten Patres wissen. Dessen bin ich mir nun sicher.

Einige Tage nachdem ich die beiden Mönche aus Heiligenkreuz getroffen und vom Ableben Pater Gottfrieds erfahren hatte, war in einer Titelgeschichte der Zeitschrift *Profil* zu lesen, dass die Kirche aus den von der Klasnic-Kommission gesammelten Missbrauchsfällen keine Konsequenzen gezogen habe. Man entschädige zwar die Opfer, lasse die Täter aber ungeschoren davonkommen, so der Tenor des Artikels, der auch einen Überblick über den Umgang mit Missbrauchsverfahren in anderen Ländern gab. In Australien, den USA und Irland seien von den eingesetzten Kommissionen umfangreiche Berichte vorgelegt worden, in denen Täterbiographien exemplarisch beschrieben und Kirchenvorgesetzte namentlich genannt worden seien. Die Kommissionen seien dort aber auch nicht von der Kirche, sondern von den Regierungen oder, im Fall von Pennsylvania, von der Generalstaatsanwaltschaft eingesetzt worden. In Österreich wisse man zwar mittlerweile durch die Klasnic-Kommission eine Menge über die Opfer, aber die Täter und Mitwisser seien nicht belangt worden.

Als ich dann las, was man mittlerweile über die Opfer weiß, wurde mir klar, dass mein Fall nichts Ungewöhnliches an sich hat, sondern exakt ins Mehrheitsprofil passt. Bei 62,3 Prozent der Fälle begann der Missbrauch im Alter zwischen sechs und zwölf Jahren. 75 Prozent der Opfer, die sich dazu bekannt haben, missbraucht worden zu sein, sind heute bereits 60 Jahre alt oder älter. Fast die Hälfte aller kirchlichen Missbrauchsfälle wurde in Einrichtungen von Männerorden begangen.

Bei der Klasnic-Kommission waren damals 1891 anerkannte Fälle von Missbrauch registriert. Was die Täter betrifft, war in diesem Artikel Folgendes zu lesen:

Die Erzdiözese Wien räumt ein, über keinerlei statistische Daten bezüglich der Täter zu verfügen. Weder die Anzahl kirchenrechtlicher Verfahren wegen sexuellen Missbrauchs ist bekannt, noch liegen Angaben darüber vor, wie viele Priester wegen solcher Verfehlungen aus dem Priesterstand entlassen wurden oder wie viele Anzeigen die Kirche wegen einschlägiger Delikte bei Justizbehörden erstattet hat.

Das schien mir, nach der Begegnung mit den Mönchen von Heiligenkreuz, plötzlich ein zweiter guter Grund zu sein, nun doch zur Klasnic-Kommission zu gehen. Ich musste meinen Beitrag dazu leisten, einen üblen Missstand abzustellen.

Allerdings verlief die Sache ganz anders, als ich sie mir, nach der ersten Mail von Brigitte Bierlein, vorgestellt hatte. Mittlerweile hatte ich meine Missbrauchsgeschichte schon zweimal erzählt und war danach für das »Erstgespräch« an Prof. Wancata verwiesen worden, bei dem ich mich melden sollte. Ich schrieb ihm noch am selben Tag und bat ihn um einen Termin für meine Aussagen. Er antwortete elf Tage später, am 28. Januar 2019, und entschuldigte sich für die späte Antwort.

Ich selbst werde, so schrieb er, in den nächsten Wochen sehr viel im Ausland sein, weshalb ich vorschlage, dass ein erfahrener und langjähriger Mitarbeiter der Ombudsstelle (Herr Helmuth Michelbach) das Gespräch mit Ihnen führt.

Ich war damit einverstanden und vereinbarte mit Helmuth Michelbach am 26. Februar 2019 einen Termin in der *Ombudsstelle* der Erzdiözese Wien. Zweieinhalb Monate nachdem ich erstmals vor die *Unabhängige Opferschutzkommission* getreten war, um meine Missbrauchsgeschichte zu erzählen, stieß ich nun im dritten Anlauf auf einen Mann, der tatsächlich so etwas wie ein Protokoll anfertigte und meine Daten in ein Formular eintrug. Er hörte sich alles in Ruhe an und notierte Namen und Stichworte. Seiner Mimik und seinen spärlichen Kommentaren war zu entnehmen, dass ihm die Annäherungsweisen nicht unbekannt waren. Ich versuchte, so konzentriert wie möglich zu sein und nur Ereignisse zu erwähnen, von denen ich mir sicher war, dass sie so stattgefunden hatten. Ich versprach Helmuth Michelbach, mich zu bemühen, noch Fotos und Geburtsdaten der anderen Beteiligten nachzuliefern. Von Viktor Adolf und Pater Maurus König hatte ich bislang nur herausgefunden, dass sie gestorben waren. Aber ich hatte keine genauen Lebensdaten und keine Fotos. Mir leuchtete sofort ein, dass Beschuldigungen unverkennbar einer konkreten Person zuordenbar sein müssen, damit nicht Unschuldige in falschen Verdacht kommen. Das schon mehrmals erwähnte

Plastiksackerl (mit der Aufschrift: *Ihr guter Kauf bei Karl Rentenberger, Kaufmann, Groß-Gerungs*) hatte ich damals noch nicht gefunden.

Am Ende sagte Helmuth Michelbach etwas, das mich in gleicher Weise sprachlos machte, wie einen Monat zuvor die Mitteilung von Waltraud Klasnic, dass sie mit Professor Wancata wegen meiner »Erstaussage« sprechen werde. Helmuth Michelbach sagte sinngemäß: Herr Haslinger, Sie sind doch ein Schriftsteller. Sie können das ja alles viel besser formulieren, als ich das kann. Wollen Sie mir nicht freundlicherweise das, was Sie mir gerade erzählt haben, schriftlich zusammenfassen?

Obwohl es in mir eine Art inneren Aufschrei gegen diese Zumutung gab, war ich nicht in der Lage zu widersprechen. Ich dachte mir, wahrscheinlich sagt der das ja aus Sympathie. Er will, dass mein Fall anerkannt wird. Ich war vor eine Kommission getreten. Und Kommissionen haben eben etwas Kafkaeskes.

Und dann, auf dem Weg nach Hause, wurde mir plötzlich klar, dass ich auch bei meiner dritten Darlegung der sexuellen Übergriffe und erzieherischen Gewalttätigkeiten, die mir in der Obhut der Zwettler Zisterzienser widerfuhren, gescheitert bin. Nun musste ich das tun, was ich von Anfang an hätte tun können, ohne mich an die Klasnic-Kommission zu wenden: Alles aufschreiben.

Mit zunehmender Sprachlosigkeit kam ich daheim an. Und dann dachte ich drei Tage lang, dass ich mich nicht verarschen lasse und nichts aufschreiben werde. Am vierten Tag entschloss ich mich, diesen Entschluss nun auch Herrn Michelbach mitzuteilen. Der Brief, den ich im Mail-Programm zu schreiben begann, fing so an:

Die Institution, werter Herr Michelbach, für deren Urteil Sie die

Vorarbeit machen, hat mich nach zwei Anhörungen an Professor Wancata weitergereicht. Und der wiederum hat Sie, werter Herr, mit meiner Anhörung betraut. Nicht ohne vorher mein Einverständnis einzuholen und Sie als »erfahrenen und langjährigen Mitarbeiter der Ombudsstelle« anzupreisen. Ich war damit einverstanden, weil ich die Sache endlich hinter mich bringen wollte und nicht ahnen konnte, dass auch die dritte Anhörung nicht dazu führen wird, dass meine Geschichte nun endlich offiziell von der Kommission zur Kenntnis genommen wird.

Ich bekannte Helmuth Michelbach, wie schwer es mir gefallen war, mich an die Klasnic-Kommission zu wenden, und dass es acht Jahre gedauert hatte, bis der Entschluss gereift war. Die Mail wurde länger und länger, so dass ich beschloss, sie ins Word-Programm zu kopieren und dort weiterzuschreiben. Obwohl Herr Michelbach immer mehr zum fiktiven Adressaten meiner Ausführungen wurde, war ich doch entschlossen, ihm nicht einfach das Protokoll nachzuliefern, sondern einen Text, der auch meinen prekären Status der Mitteilsamkeit und die Begegnungen mit der *Unabhängigen Opferschutzkommission* zur Sprache bringt. Während ich an diesem Text noch schrieb, bekam ich am 19. März 2019, meinem Namenstag, eine Mail von Helmuth Michelbach:

Bei unserem Gespräch an der Ombudsstelle habe ich Ihnen vorgeschlagen, dass Sie mir eine Zusammenfassung des Berichteten zusenden. Da ich bis jetzt noch nichts von Ihnen erhalten habe, kann es ja sein, dass Sie noch keine Zeit dafür gefunden haben oder aber es beim Gespräch ein Missverständnis gegeben hat. Bitte geben Sie mir Bescheid.

Ich schrieb unmittelbar danach eine Antwort:

Wissen Sie, Herr Michelbach, es war keine gute Idee, dass Sie die Aufgabe, meine Aussage schriftlich zusammenzufassen, mir zugeschanzt haben. Ich habe auch bald nach unserem Treffen zu schreiben begonnen, und, wie soll ich es sagen, ich komme an kein Ende. Ich fürchte, es wird ein Buch daraus. Sollte es tatsächlich so kommen, werde ich Ihnen dieses Buch als nachgeliefertes Protokoll, mit vielen zusätzlichen Erklärungen und Erinnerungen, zukommen lassen. Wichtig wäre mir nur, dass durch diese meine Säumigkeit nicht das Verfahren beendet wird. Selbstverständlich lege ich Wert auf Prüfung meines Anspruchs auf Entschädigung.

Helmuth Michelbach antwortete einen Tag später mit einer Mail, der das Protokoll meiner Aussagen angehängt war. Er schrieb:

Mein Vorschlag, dass Sie Ihre Aussage schriftlich zusammenfassen mögen, hatte einen Grund, der nicht für mich vorteilhaft hätte sein sollen. Ihre Betroffenheit käme besser zum Ausdruck als meine sachliche Zusammenfassung in der Falldokumentation. Wie beurteilt die Unabhängige Opferschutzanwaltschaft (Klasnic-Kommission)? Alle paar Monate kommen die Kommissionsmitglieder zusammen und erhalten für die Beurteilung eine Zusammenfassung der einzelnen Geschehnisse. Aus einer persönlich geschriebenen Sicht entsteht mehr Betroffenheit bei den Kommissionsmitgliedern. Da Sie Schriftsteller sind und mit Worten gut darstellen können, dachte ich an einen von Ihnen verfassten ergreifenden Bericht. Ich habe schon öfters persönliche Berichte in die Falldokumentation eingescannt, die mir mitgebracht worden sind.

Helmuth Michelbach hat doch noch seine Arbeit getan. Er hat der Mail sechs Seiten der Dokumentation meines Falles angehängt, mit der Bitte, die nötigen Klarstellungen vorzunehmen, falls Missverständnisse aufgetreten sein sollten. Ich las das Protokoll, fand es im Großen und Ganzen korrekt und begann, um auch zum biographischen Teil des Protokolls noch etwas beizutragen, im Internet nach Fotos und Daten der von mir benannten Täter zu recherchieren. Alles, was ich herausfinden konnte, Lebensläufe, Fotos, Geburts- und Sterbedaten, schickte ich Helmuth Michelbach, der mir geschrieben hatte, dass die Dokumentation meines Falles zuerst an die Diözese Wien gehe und von dort an die Diözese St. Pölten weitergeleitet werde.

9

Die ersten beiden Konviktsjahre waren vom Verschwinden der Eltern geprägt. Wir durften sie einmal im Monat einen halben Tag lang sehen. Nur in den Sommerferien war ich länger bei ihnen, und ich hasste bald die Sommerferien. Nicht nur weil ich ständig arbeiten musste und vom Feld aus die wenigen Buben, die nicht von Bauernhöfen kamen, mit den Fahrrädern vorbeifahren sah, auf dem Weg ins Freibad von Groß Gerungs. Mindestens ebenso gravierend war die zunehmende Erfahrung, dass ich mehr und mehr in einer anderen Welt lebte, die meinen Eltern völlig fremd war und für die ich auch im Dorf, unter den ehemaligen Freunden aus der Volksschule, kein Verständnis fand.

Dazu gehörte meine in der dritten Klasse aufkeimende Liebe zur Popmusik, zu Glockenhosen, zu langen Haaren. Wenigstens im Sommer wollte ich mir die Haare wachsen lassen. Im Stift, wo ich die ersten beiden Jahre eine Stehfrisur gehabt hatte, galten rigorose Haarvorschriften. Als ich in die vierte Klasse aus den Ferien mit einer Art Pilzkopffrisur zurückkam, war ich einen Vormittag lang Belehrungen ausgesetzt, am Nachmittag musste ich nach Zwettl wandern, um mir die Haare schneiden zu lassen. Die Anweisungen, die ich dem Friseur gab, entsprachen aber immer noch nicht der Konviktsordnung, so dass ich am nächsten Tag erneut nach Zwettl zum Friseur pilgern musste.

Am Anfang meiner Sängerknabenzeit hatte ich großes Heimweh, aber damit war ich nicht der Einzige. Hin und wieder verschwand ein Mitschüler. Das brachte Pater Bruno immer in eine deutlich sichtbare Nervosität. Wir mussten das Konvikt nach dem Verschwundenen durchsuchen. Alle Winkel, alle Kästen. Wenn sich der Gesuchte nicht fand, nahm Pater Bruno zwei »reife« Knaben aus der dritten oder vierten Klasse zu sich in den VW-Käfer und machte sich auf die Suche außerhalb des Klosters.

Einer der abgehauenen Mitschüler war in Windigsteig zu Hause. Er hatte sich auf dem Fußmarsch zu seinem Elternhaus gerade zu einer Rast am Straßenrand niedergelassen, als er das Auto von Pater Bruno erkannte. Er wollte in den Wald hineinlaufen, wurde aber von den mitgebrachten »reifen« Buben eingefangen. Zurück im Konvikt, hatte er sich für zwei Ohrfeigen aufzustellen.

Der durch eine Gangnische erweiterte »Platz« vor der Tür zum Präfektenzimmer war der bevorzugte Austragungsort für die verordneten »Watschen«. Manchmal waren wir drei, vier, auch fünf Buben, die sich in einer Reihe aufzustellen hatten. Die Brillenträger hatten ihre Brillen abzunehmen. Nacheinander mussten wir zu Pater Bruno vortreten und bekamen unsere Watschen. Am Ende, wenn wir alle durchgewatscht waren, gab es noch eine Schlussbelehrung. Und manchmal den Hinweis: Geh in den Waschraum, deine Nase blutet.

Ein anderer Mitschüler, der überraschend nicht im Vormittagsunterricht war und deshalb zunächst für krank gehalten wurde, ging vorsichtiger vor und hatte mehr Glück beim Autostoppen. Er stammte aus Gmünd und schaffte es bis nach Hause. Am nächsten Tag wurde er allerdings von seinen Eltern ins Kloster zurückgebracht. Ob ihm die obligatorischen Ohrfeigen erspart blieben, vermag ich nicht mehr zu sagen.

Pater Bruno war nicht der einzige Vorgesetzte, der uns schlug, eine Watschen konnte man auch vom Kellermeister des Stifts bekommen, der uns in Chemie und Stenographie unterrichtete. Pater Franz wiederum, ein Verehrer von Winnetou, war im Verlauf der letzten Jahre zum Trinker geworden und auch einmal vom Pferd gefallen, das er sich als Indianerspieler zum Zeitvertreib angeschafft hatte. Im Mathematikunterricht wurde er zunehmend unzurechnungsfähiger. Er drohte uns Schülern mit den schlimmsten Gewalttaten. Einmal musste sich ein Mitschüler an die Tafel stellen. Pater Franz ging den Gang zwischen den beiden Sitzreihen zurück und sagte, er werde nun zur Tafel laufen und den Kopf des Mitschülers so gegen die Wand donnern, das der »Batz« herunterrinne. Und dann nahm er Anlauf und schlug seine Hand neben dem Kopf des Schülers an die Tafel. In solchen Momenten dachten wir, irgendwann wird er Ernst machen. Aber dann kam er mit einem Karl-May-Buch in die Mathematikstunde und las daraus vor, um anschließend mit uns die Friedenspfeife zu rauchen. Im Klassenzimmer. In der nächsten Stunde konnte er wieder ganz unverhofft in Wut geraten.

Pater Ambros wiederum, mein Mathematiklehrer in der zweiten Klasse, teilte für nicht geleistete Hausübungen Kopfnüsse aus. Aber das war schon die erleichterte Form seines Strafverfahrens. Am Anfang, als er sich noch frei erheben konnte, schlug er den Kopf des säumigen Schülers gegen die Tafel. Er war Pfarrer in meiner Heimatpfarre Etzen. Ich hatte deshalb bei ihm gewiss einen besseren Stand. Aber von den Strafen nahm er mich nicht aus. Der Verlauf der Multiplen Sklerose konnte damals kaum beeinflusst werden. Selbst als er sich schon mühsam mit zwei Stöcken die Treppen im Konvikt nach oben kämpfen musste, wo im zweiten Stock die Schulklassen untergebracht waren, wollte er von seinem Bestrafungssystem nicht lassen. Es hatte etwas Tragikomisches, wenn er den Griff einer seiner Stöcke am Hals des zur Strafe herausgetretenen Mitschülers verhakte, um ihn heranzuziehen und ihm eine Kopfnuss zu verabreichen. Der Schüler hätte ihn vom Stuhl ziehen können. Aber das – ein Angriff gegen einen Wehrlosen – hätte sich keiner getraut. Obwohl das ganze Erziehungssystem ein Angriff gegen Wehrlose war.

Wir mussten immer alles aufessen, was auf den Teller kam. Einmal gab es ein Linsengericht, das ich nicht mochte. Ich konnte nicht, ich brachte keinen Bissen mehr hinunter, mir wurde übel. Aber Pater Bruno stellte sich neben mich und zwang mich weiterzuessen, bis ich es nicht mehr zurückhalten konnte und mich übergab. Zur Grundausstattung von uns Sängerknaben gehörte ein Stofftaschentuch. Ich riss es aus der Hosentasche und hielt es vor den Mund. Um nicht noch größeren Schaden anzurichten, lief ich zur Toilette und übergab mich dort ein weiteres Mal. Als ich in den Speisesaal zurückkam, wartete immer noch das Linsengericht auf mich. Ich musste weiteressen, und wenn es mich noch so würgte, ich musste weiteressen, bis der Teller leer war.

Es gab Sängerknaben, deren Väter und Großväter schon Sängerknaben gewesen waren. Von denen wussten wir, dass die Regeln, nach denen wir lebten, schon immer gegolten hatten. In unserer Wahrnehmung war Pater Bruno kaum als Täter erkennbar. Er exekutierte lediglich ein jahrhundertealtes Bestrafungssystem, das in verschiedene Stufen von körperlicher und psychischer Gewalt untergliedert war. Die Idee, dass Pater Bruno nicht einfach nur tat, was er zu tun hatte, sondern ein Gewalttäter sein könnte, kam mir erstmals, als der Mitschüler sich gegen den verordneten Abendsport wehrte und ihn einen Tyrannen nannte.

Wie eh und je begann der monatliche Besuchssonntag mit

dem gemeinsamen Hochamt, bei dem wir vom erhöhten Chorgestühl aus verstohlen die Kirchenbesucher musterten und die eigenen Eltern suchten. Wir hatten nach der Messe in Zweierreihen von der Kirche ins Konvikt zurückzugehen, um dort die Chorgewänder ordnungsgemäß zu verstauen. Dann erst durften wir zu den Eltern, die im Hof auf uns warteten.

Für diejenigen, deren Eltern Autos besaßen und in der näheren Umgebung wohnten, wurde der Elternbesuchstag ein Heimfahrsonntag. Ich gehörte zu den Privilegierten, die am Sonntag nach dem Hochamt mit den Eltern nach Hause fahren konnten. Dort warteten meine Geschwister auf mich. Und einmal lag im Wäschekorb ein neuer Bruder.

Nach dem Mittagessen ging ich durchs ganze Haus, um zu sehen, was sich verändert hatte. Ich musste darauf achten, dass am Abend meine Kleidung nicht nach Stall roch. Das war einmal geschehen und hatte mir den Spott der Mitschüler eingetragen. Vielleicht war das einer der Gründe, warum sie mich beharrlich »Hasenvieh« nannten.

Etwa um fünf machten wir uns wieder auf den Weg zurück ins Kloster. Am Ende des Elternbesuchstags bildete sich vor dem Präfektenzimmer immer eine Schlange. Die monatliche Konviktsgebühr war zu zahlen. Für meinen Vater war das viel Geld. Einmal im Sommer, als er mit meinem Arbeitseifer auf dem Feld unzufrieden war, rechnete er mir vor, welche Maschine er sich schon hätte anschaffen können, wenn ich nicht im Konvikt wäre. Von da an war mir klar, ich hatte im Sommer die Internatsgebühr abzuarbeiten.

Die Übergabe der Knaben am Ende des Heimfahrsonntags war auch mit kleinen Gesprächen über unser Verhalten verknüpft. Einmal sagte der Präfekt zu meinem Vater, dass ich vorlaut sei. Mein Vater antwortete, das sei ich immer schon gewesen.

Als besondere Härte empfand ich, dass wir auch zu Weihnachten im Kloster bleiben mussten. Wir hatten die Christmette, am nächsten Tag das Weihnachtshochamt und in den ersten beiden Jahren auch noch eine Nachmittagsandacht zu gestalten. Wenn wir am Heiligen Abend nach einer langen Singprobe in den Speisesaal kamen, lagen dort kleine Geschenke auf unseren Plätzen. Es gab ein besonderes Essen. Wir beteten und sangen Weihnachtslieder. Danach wurde das Präfektenzimmer geöffnet, und wir sahen den Christbaum und die Weihnachtskrippe, die jedes Jahr von den Schülern der vierten Klasse im Lauf der Adventszeit gebastelt wurde. Einer der »reifen« Knaben verlas das Weihnachtsevangelium. Pater Bruno hielt eine Ansprache, in der er uns vor Augen führte, wie schön eine Christengemeinschaft sein könne und wie sehr das nur gehe, wenn alle mitmachten. Er hielt eine Art Jahresrückblick und lobte unsere gesanglichen Erfolge. Dann sangen wir *Stille Nacht*. Zur Feier des Abends bekamen wir Weihnachtsgebäck. Die Krippenbauer durften ein Glas Wein trinken und eine Pfeife rauchen.

In einer kleinen Wohnung unter dem Konvikt wohnte der Buchbinder, ein einsamer älterer Herr, der nicht dem Orden angehörte. Wenn ich mich recht erinnere, hieß er Fischer. Warum er dort wohnte, mit einem Fenster hinaus in den sogenannten Zwingergarten, in dem wir in der Freizeit gerne Fußball spielten, und woher er kam, hat sich mir damals nicht erschlossen. Jedenfalls war es Brauch, nach der Weihnachtsfeier im Präfektenzimmer den unter uns wohnenden Buchbinder zu besuchen, einen Kettenraucher, mit dem wir sonst das ganze Jahr über nur zu tun hatten, wenn er uns neue Choralbücher lieferte. Er war kahlköpfig und trug die meiste Zeit Militärstiefel. Ohne einen Altersunterschied zu machen, gab er uns Wein zu trinken und bot uns Zigaretten an. Er hatte eine schäkernde Art, mit uns umzugehen. Immer wieder sprach er vom »inneren Schweinehund«, den es zu besiegen gelte. Ein damaliger Kleriker, den ich hin und wieder treffe, vermutet, der Buchbinder sei ein untergetauchter Nazi gewesen. Ein Gerücht, das ich gern widerlegt sehen würde.

Ein wenig beschwipst schlüpften wir eine halbe Stunde vor Mitternacht in unsere Chorgewänder und trafen uns mit dem Chorleiter zum Einsingen. Um als Kirchenbesucher noch einen Sitzplatz zu bekommen, musste man sich rechtzeitig einfinden. Zur Christmette, die in meinen ersten Konviktsjahren noch um Mitternacht stattfand, war die Kirche gesteckt voll. Die meisten Besucher kamen aus der zwei Kilometer entfernten Stadt Zwettl. Abt Ferdinand Gießauf war bekannt für seine donnernden Weihnachts- und Osterpredigten.

»Warum seid ihr hierhergekommen?«, fragte er und zählte vielerlei Gründe auf, die die zahlreichen Besucher in die Christmette geführt haben könnten. Die festliche Stimmung, der schöne Gesang der Sängerknaben, der nötige Verdauungsspaziergang nach einem üppigen Weihnachtsmahl, das schlechte Gewissen, weil man schon lange nicht in der Kirche war, und so fort. Alle diese Gründe hatten in den Augen des Abtes keinen Bestand, gemessen an der Glaubensverbundenheit mit dem Heil, das der Welt durch die Geburt Christi widerfahren ist. Wenn man hörte, wie die Bassstimme des Abtes durch die andächtige Stille des Kirchenraums dröhnte, konnte man den Eindruck gewinnen, dass die Menschen in Wahrheit wegen dieser Strafpredigt hierhergekommen waren.

Es mag der sentimentalen Stimmung geschuldet gewesen sein, in die ich zu Weihnachten regelmäßig geriet, dass mir die Lieder, die wir in diesen Tagen sangen, besonders ins Gemüt gingen. Heute noch kann mich der vierstimmige Chorsatz von *Tochter Zion, freue dich* fast zu Tränen rühren. Nicht anders geht es mir mit der Pastoralmesse von Anton Diabelli, die wir am Christtag 1967 sangen.

Wegen der Ungerechtigkeit gegenüber den Mitschülern, die nicht im Waldviertel wohnten und nur in den Tagen nach Weihnachten, nach Ostern und im Sommer heimfahren konnten, wurde der monatliche Elternbesuchstag ausgeweitet zu einem monatlichen Heimfahrwochenende. Von da an durften wir schon am Samstag um 13 Uhr abgeholt werden. Das Kloster nahm es in Kauf, dass es nun einmal im Monat ein Hochamt gab, das nicht von den Sängerknaben gestaltet wurde. Es musste ja auch im Sommer ohne uns zurechtkommen.

Das war der Beginn eines langsamen Zerbröselns der alten Ordnung. So wie in dieser Zeit auch die liturgische Ordnung umgestoßen wurde. In derselben Ausgabe der *St. Pöltner Kirchenzeitung* vom 26. November 1967, in der ausführlich über unsere Jugoslawienreise berichtet wurde, stand als oberste Schlagzeile, dass ab dem 1. Adventssonntag *die Verwendung der deutschen Sprache innerhalb des Meß-Canons* grundsätzlich erlaubt sei. Für uns hatte das angenehme Folgen. Eines der Disziplinierungsinstrumente des ersten Schuljahres fiel weg. Als ich zu den Sängerknaben gekommen war, wurden uns Neulingen mehrere Tafeln ausgehändigt, auf denen lateinische Gebete standen. Und es wurden uns Mitschüler aus der dritten und vierten Klasse zugeteilt, die dafür zu sorgen hatten, dass wir innerhalb einer Frist von vier Wochen alle Gebete auswendig konnten.

Ein paar lateinische Gebete hatte ich schon als Ministrant auswendig lernen müssen. Ich wusste nicht, was ich da aufsagte, aber ich sagte es so schön wie möglich auf. Dafür wurde ich gelobt. Die lateinischen Gebete, die ein frisch eingefangener Sängerknabe zu lernen hatte, waren erheblich länger. Immer noch hatte ich nicht den geringsten Schimmer, was die

Worte bedeuten sollten. Ich sah das Wort *fiat* und dachte an Autos. Es fiel mir sehr schwer, die Texte auswendig zu lernen. Mein zwei Jahre älterer Betreuer wurde ungeduldig und begann, mir Kopfnüsse zu verabreichen. Er tat dies auf seine spezielle Weise, indem er die Knöchel seiner Faust am Hals ansetzte und dann am Hinterkopf hochzog. Als ich beim nächsten Abprüfen wieder steckenblieb, verschärfte er die Gangart, und ich bekam eine Strafe, die er »Naska Nulla« nannte. Warum sie so hieß, blieb mir verborgen. Aber das Wort wurde von den Älteren an die Jüngeren weitergegeben. Es scheint eine Maßnahme mit Stiftstradition gewesen zu sein, eine Strafe, die prinzipiell nur von älteren Buben an jüngeren vollzogen wurde. Sie war kurz und hinterließ einen nachwirkenden unangenehmen Schmerz. Ich hatte mich seitlich aufzustellen und der Mitschüler stieß mir sein Knie in den Oberschenkel. So begann mein erster intensiver Kontakt mit Latein. Er war gleich mit den ersten Gewalterfahrungen im Konvikt verbunden. Ausgeübt von einer Respektsperson, die gerade zwei Jahre älter war. Wir hatten eine streng nach Jahrgängen gegliederte Hackordnung. Die Älteren hatten Befehlsgewalt über die Jüngeren, aber sie konnten auch Privilegien verteilen.

Als ich in die dritte Klasse kam, waren die Tafeln mit den lateinischen Gebeten, die in einem bestimmten Regal neben den Choralbüchern gestapelt gewesen waren, verschwunden. Ein Glück, sonst wäre ich Betreuer eines frischen Sängerknaben geworden und hätte dafür zu sorgen gehabt, dass der innerhalb von vier Wochen seine lateinischen Gebete kann. Und er hätte sie gekonnt, wie auch ich sie letztlich gekonnt habe. Autoritäre Systeme sind so hartnäckig, weil man in sie hineinwächst.

Ab der zweiten Klasse wurde man zu ersten Aufgaben und Kontrollfunktionen herangezogen. Natürlich nur wenn man vom Präfekten für würdig befunden wurde. Man wurde nicht nur für Aufsichtsmaßnahmen eingeteilt, man hatte auch Privilegien zu vergeben. Eine besonders geschätzte Funktion war das Verteilen der Zuckerl am Samstagabend. Man bekam vom Präfekten eine Dose mit Lutschbonbons, die aussahen wie Orangen- und Zitronenspalten. Die orangefarbenen waren beliebter. Der Zuckerlverteiler ging am Abend durch die Schlafsäle und warf jedem ein Zuckerl zu. Seinen Freunden gab er zwei, dem besten Freund drei orangefarbene und für sich selbst hielt er eine kleine Kollektion zurück, bevor er die Dose wieder ins Präfektenzimmer trug. Die Menge der in der Dose verbliebenen Zuckerl musste dem Präfekten einigermaßen plausibel erscheinen, sonst hatte der Zuckerlverteiler ein Problem.

Einmal hatte ich einen geschwollenen Finger, in dem sich ein Eiterherd zu bilden schien, der als kleine gelbe Scheibe inmitten geröteter Haut sichtbar wurde. Der Finger pochte, ich konnte mich nicht konzentrieren. Ich stand von meinem Pult auf und ging zurück zu einem Mitschüler der vierten Klasse, der zwei Reihen hinter mir saß und die Studierzeit in der Abwesenheit des Präfekten beaufsichtigte. Er sagte, »das werden wir gleich haben«, nahm seinen Zirkel und stach in den gelben Punkt hinein. Ein paar Tage später wurde ich von Dr. Hofhansl, dem Hausarzt des Klosters, zu einer Fingeroperation ins Krankenhaus weitergereicht. Vielleicht hat man sich mit dem Betäubungsmittel zurückgehalten, vielleicht hat der Chirurg auch zu früh zu schneiden begonnen, jedenfalls habe ich die Operation in Erinnerung als eine Schlange, die mich langsam, aber unaufhaltsam auffrisst.

Am Beginn meiner dritten Klasse fand ein Umbruch statt. Wir standen einem neuen Präfekten gegenüber und hatten es mit einem neuen, freundlicheren Tonfall zu tun. Der Onkel Max war abgeschafft. Das Antreten zur Ohrfeige: abgeschafft.

Der Abendsport: abgeschafft. Pater Gottfried: abgeschafft. Pater Bruno war zwar noch im Kloster, aber er war nicht mehr unser Präfekt. Er leitete nun das Exerzitienwerk und ging bald darauf nach Rom.

Pater Bruno Schneider, der in Rom auf der Benediktinerhochschule Sant' Anselmo studiert hatte und zum Doktor der Theologie promoviert worden war, hat sich im Laufe seines Lebens auf vielen Feldern Verdienste erworben. Er trat 1976 aus dem Orden aus und war zunächst als Feuerwehrseelsorger tätig. Als solcher hatte er auch Kontakt mit meinem Vater, der Feuerwehrhauptmann war. Als mein Vater erkrankte, wurde er von Pater Bruno hin und wieder besucht. Bis mir meine Mutter zu meiner Überraschung mitteilte, Pater Bruno lese keine Feuerwehrmessen mehr, denn er habe geheiratet. Mein ehemaliger Präfekt, Pater Bruno, war nun als Dr. Hans Schneider Archivar beim Niederösterreichischen Landesfeuerwehrkommando, wo er auch für die Öffentlichkeitsarbeit und die Redaktion der Feuerwehrzeitung *brand aus* zuständig war. Er brachte es bis zum Offiziersdienstgrad eines Oberbrandrats. Von ihm stammen fünf von mittlerweile dreizehn Bänden der niederösterreichischen Feuerwehrgeschichte.

1997 war in *brand aus* ein langer Nachruf auf ihn zu lesen. Im Vorspann hieß es: *Er war bekannt als erstklassiger Fachmann für fast alle feuerwehrgeschichtlichen Fragen, als Autor mit gestochenen Formulierungen und als Pionier der Psychologie in der Feuerwehr.*

Im Artikel wird dann auch sein Charakter gewürdigt: *Er konnte es einfach nicht hinnehmen, einen »schwachen« Artikel im »brand aus« zu veröffentlichen. Er mußte diesen zumeist mit dem Verfasser intensiv überarbeiten. Er suchte den Ausgleich, konnte zugleich aber auch vehement seinen Standpunkt vertreten. Neben der Feuerwehr gehörten die Geschichte des Zisterzienser-Ordens und vor allem die Musik zu seinen Hobbys. In letzterem Bereich war er aktiv beim Wiener Madrigalchor tätig. Er schätzte sehr Wanderungen in seiner zweiten Heimat, Ottenschlag, wo er mit Frau Ulrike ein Sommerhaus besaß. Hans Schneider ist vielen zum Vorbild geworden, sein Werk macht ihn unvergessen und so wollen wir seiner gedenken.*

In der *Biographia Cisterciensis* ist zu lesen, dass er sich schon in seiner Studienzeit mit der Geschichte des Zisterzienserordens befasste und sich seit 1991 erneut als Zisterzienserforscher betätigte. Seine Pläne, eine Geschichte der Österreichischen Zisterzienserklöster zu verfassen, wurden im Jahr 1995 durch die Krebsdiagnose beendet.

Pater Bruno Schneider wurde nach der Romreise im Sommer 1967 als Präfekt durch Pater Ägyd Traxler ersetzt. Auch der neue Präfekt kam nicht ohne Gewaltausbrüche aus. Meist schlug er uns mit dem Schlüsselbund auf den Kopf. Aber gemessen an Pater Bruno waren es seltene Ausbrüche, bei denen man an seinem rot aufglühenden Gesicht sehen konnte, dass er sich nicht im Zaum hatte.

Ich blieb mit Pater Bruno in der dritten Klasse noch in Kontakt. Am 14. März 1968 schrieb er mir einen Brief aus Rom. Er begann so:

Liebes Hasenvieh!

Und so einen netten Brief! Du kannst Dir nicht vorstellen, wie ich mich gefreut habe, als er kam. Alles Wissenswerte über Euch Lausbuben! – Ich war in Florenz, wo man mir immer wieder sagte, was für einen guten Eindruck unsere Buben hinterlassen hätten, weil sie schön gesungen haben und so erstaunlich diszipliniert waren. Also doch nicht ganz sinnlos, daß wir Erzieher Euch etwas unter die Knute nehmen! Euer Erfolg hängt weitgehend von diesen höflichen und guten Manieren ab! Ein wunderschönes Lob und Zeugnis ist das für Euch, wenn Ihr auch manchmal stöhnt.

Der Brief endet mit den Sätzen: *Laß die ganze Horde recht*

schön grüßen von ihrem alten Präfekten. Oder schimpft Ihr noch recht über mich Harten? ... Herzlich Dein Pater Bruno.

Man hatte Pater Bruno 1959, gleich nach dem Doktorat, das Amt des Präfekten der Zwettler Sängerknaben anvertraut, wofür er keinerlei Ausbildung hatte. Er trat als gerechter, unbestechlicher Zuchtmeister auf. Über seine Erziehungsmethoden herrschte unter den Eltern und Mitbrüdern keine Unklarheit. Sie ließen ihn acht Jahre lang gewähren.

Gewalttätigkeiten waren damals als Erziehungsmaßnahme weitverbreitet, auch in Bundeskonvikten. Was uns aber von Bundeskonvikten unterschied, waren nicht nur die überschaubare Anzahl von Knaben und die weitgehend unausgebildeten Lehrer und Betreuer, es war in erster Linie die spirituelle Dimension. Ich war bei weitem nicht der Einzige, der die Aufnahme bei den Sängerknaben als erste Station auf dem Weg zur Berufung zum Priester gesehen hat. Aber unabhängig davon, was jeder werden wollte, unser Dasein im Kloster diente an sich schon einem höheren Zweck. Wir Sängerknaben waren dazu da, die katholische Spiritualität liturgisch auszugestalten. Wir standen unter einem religiösen Auftrag. Nach den großen Singmessen von Haydn, Mozart und Schubert kamen die Mönche auf uns zu und machten uns Komplimente. Nicht alle, andere dafür umso ausführlicher.

Ein Sopransänger, der das *Benedictus*-Solo aus der *Orgelsolomesse* von Joseph Haydn und das *Alleluja* aus der Motette *Exsultate, jubilate* von Mozart, mit dem dreigestrichenen C als vorletztem Ton, lupenrein singen konnte, war für viele Mönche eine Art Engelsgestalt. Die über fünfhundertjährige Sängerknabentradition von Stift Zwettl – der Chorleiter erwähnte bei Konzerten gerne, dass der Chor zwei Jahre älter sei als die Wiener Sängerknaben – hatte uns in weiße Chorgewänder mit Kapuzen und langen weiten Ärmeln gesteckt und hat uns damit, in der Anschaulichkeit der katholischen Bilderwelt, das Aussehen von Engeln verliehen.

Ich gehörte gewiss nicht zur ersten Reihe der Sänger, aber in der zweiten Klasse hatte sich meine Stimme so gut entwickelt, dass ich gelegentlich für ein Alt-Solo eingeteilt wurde. Das gab mir Anerkennung und einen stärkeren Rückhalt bei den Mitschülern. Die musikalische Leistung von guten Sängern wurde allseits respektiert. Die guten Sänger und die guten Fußballspieler waren die Stars unter uns. In diesem Schuljahr 1966 / 67, in dem ich den pädophilen Gelüsten Pater Gottfrieds ausgesetzt war, feierte unser Chor seine größten Erfolge. Ich habe mir die Konzertprogramme meiner Sängerknabenzeit angesehen. Bei weitem am besten in Erinnerung habe ich die Lieder, die wir in der zweiten Klasse gesungen haben, in dem Jahr, in dem Pater Gottfried mein Religionslehrer war.

Alle paar Tage hatten wir irgendwo ein Konzert zu singen, es gab Rundfunkaufnahmen, Fernsehauftritte, und wir nahmen in diesem Jahr auch noch drei Schallplatten auf.

Das Singen war das Beste an meinem Sängerknabendasein. Über unseren Chorleiter, Pater Stephan Holzhauser, werde ich kein schlechtes Wort verlieren. Er war derjenige, mit dem wir am meisten zusammen waren, aber er kam völlig ohne Gewaltmaßnahmen aus. Bei einer der täglichen Chorproben verlor er einmal die Kontrolle und verabreichte einem in der ersten Reihe sitzenden Mitschüler eine Ohrfeige. Er war darüber selbst so erschrocken, dass er seine Geldbörse zog und dem Geohrfeigten einen Schilling überreichte. Ich möchte auch eine Watschen, rief daraufhin ein Vorlauter. Und die anderen im Chor: Ich auch, ich auch!

Pater Stephan Holzhauser war ein fürsorglicher Mensch, der ganz und gar in seiner Berufung als Verantwortlicher für die Musikpädagogik der Sängerknaben aufging. Es war nicht die Ordnung der disziplinären Gewaltandrohung, die bei ihm herrschte, sondern es war die Disziplin, die Musik verlangt. Diese Art von Disziplin brachte uns Erfolge, die uns entschädigten und den musikalischen Drill plausibel machten. Aber Pater Stephan war mehr als nur ein motivierender Chorleiter.

Ich war vom Elternhaus her nicht gut ausgestattet. Es war dichter Schnee gefallen, und Pater Stephan wollte, dass wir uns, bevor wir mit ihm auf Skikurs fuhren, schon ein wenig einübten. Aber ich hatte keine Skier. Er schenkte mir welche. Er hatte für solche Notfälle offenbar ein Reservepaar gekauft. Als Skifahrer war ich ein Draufgänger. Wir bauten, zum Missfallen Pater Stephans, eine Sprungschanze und versuchten, einander im Weitspringen zu übertrumpfen. Als der Skifahrnachmittag auf der Dengelwiese neben dem Sägewerk – vor uns der Konventstrakt, wo gelegentlich Mönche aus den Zellenfenstern schauten – zu Ende war, sollten wir unsere Skier vom Schnee reinigen. Ich schlug sie einfach ein paarmal gegeneinander, da machte es einen Knacks, und der vordere Teil von einem der Skier war abgeknickt.

Ich zeigte Pater Stephan den gebrochenen Ski. Er sagte, das hätte ich nun von dieser wilden Springerei. So ginge ich mit meinen Geschenken um. Ich war traurig, weil ich ihn enttäuscht hatte und nun wieder ohne Skier dastand. Aber immerhin hatte er es mir zugetraut, den Ski durch zu weite Sprünge gebrochen zu haben. Ich musste nicht auch noch das Gegeneinanderschlagen beichten.

Dann kam der Skikurs, und Pater Stephan stellte sich bei mir mit einem Paar nagelneuer Skier ein, ausgerechnet von der Marke, die ich mir sehnlichst gewünscht hatte. Er wollte, dass ich trotz meines Missgeschicks zum Skikurs nach Flachau mitfahren konnte. (Wo meine Skier bei einer Schülerin des Humanistischen Gymnasiums in Krems so gut ankamen, dass ich danach den Briefkontakt zu ihr suchte.)

Bei den wenigen Solo-Singproben, die ich bei Pater Stephan hatte, ergriff er mit einer Hand sanft meinen Unterarm und schlug mit der anderen am Klavier die Töne an, die ich nachsingen sollte. Es war, als wollte er mir die Töne körperlich übertragen. Das Halten am Unterarm gab mir Zutrauen. Pater Stephan hatte etwas Väterliches für mich, aber er fühlte sich auch für alle anderen zuständig, deshalb hatte ich wenig von ihm. Mit ihm allein war ich nur bei den wenigen Solo-Singproben. Wenn Pater Stephan mich am Unterarm berührte, war das etwas völlig anderes als jede Form von Berührung durch Pater Gottfried, der im Gespräch gern meinen Arm oder meine Hand streichelte.

Die Solosänger hatten von Pater Stephan strikte Anordnung, in verschwitztem Zustand kein kaltes Wasser zu trinken. Aber genau das tat ich zwei Tage vor dem Abschlusskonzert im großen Festsaal. Wir hatten Fußball gespielt. Neben dem Fußballplatz war das Wasserreservoir von Stift Zwettl. Unser Betreuer – es könnte Pater Maurus gewesen sein, denn der ging gerne mit uns Fußball spielen, vielleicht auch ein Novize – hatte einen Schlüssel zur Eisentür des Wasserreservoirs. Dahinter hing ein Eimer, den man in das kalte Wasserbecken hinablassen konnte. Was zwei Tage später mein großer Auftritt hätte werden sollen, wurde eine bescheidene Darbietung. Pater Stephan verlor das Vertrauen in die Kontinuität meiner Stimme, und ich musste meine Rolle als Alt-Solosänger an einen anderen abtreten.

Jahrzehntelang erzählte mir meine Mutter, sie habe da und dort Pater Stephan getroffen. Er lasse mich schön grüßen. Irgendwann traf sie ihn erneut, und da äußerte er den Wunsch, dass er mich gerne wiedersehen würde. Ob ich mich bei ihm melden könne. Das tat ich, und wir verabredeten ein Treffen in Stift Zwettl.

Ich hatte einem befreundeten Paar versprochen, ihnen die Gegend meiner Herkunft zu zeigen, und so wollte ich diese beiden Termine verbinden. Pater Stephan war einverstanden, dass ich die Freunde mitbrachte. Er schrieb, am vereinbarten Tag werde der Abt des Klosters gerade sein 50-jähriges Priesterjubiläum begehen. Er würde uns gerne einladen, beim Mittagessen der Gäste in der Stiftstaverne dabei zu sein. Pater Stephan war in meiner Sängerknabenzeit zum Prior gewählt worden, zum zweiten Mann in der Klosterhierarchie. Ich hatte keinen Zweifel, dass es ihm zustand, eine solche Einladung auszusprechen.

Ahnungslos fuhren wir nach Stift Zwettl, wo Pater Stephan schon in der Stiftstaverne auf uns wartete. Wir nahmen oben im Saal an einem der weißgedeckten Tische Platz. Langsam trafen die Gäste für das Jubiläum des Abtes ein und ließen sich an den Tischen nieder. Dann kam der Abt selbst. Er ging auf Pater Stephan zu und fragte, wer wir seien. Pater Stephan stellte uns vor und erklärte, wir seien seine Gäste. Der Abt sagte, dies sei sein Fest und nicht das von Pater Stephan. Da ging Konsistorialrat Pater Stephan Holzhauser, der einstige Prior von Stift Zwettl, mein ehemaliger Chorleiter, wie ein gedemütigter Schulbub mit uns einen Stock tiefer in die allgemeine Gastwirtschaft, wo wir dann noch ein paar Stunden zusammensaßen.

Wie wenig das Kloster den mittlerweile Verstorbenen in Ehren hält, kann man daran ermessen, dass man bei der Eingabe seines Namens in die Internet-Suchmaschinen so gut wie keinen Treffer erhält. Drei kurze Hinweise aus der Kirchenchronik der Diözese St. Pölten. Der erste: 1980 wurde Pater Stephan für vier Jahre in die Diözesankommission für Kirchenmusik bestellt.

Der nächste Eintrag von 1981 lässt erkennen, in welcher Personalnot das Kloster sich in den achtziger Jahren schon befunden haben muss, weil der einstige Prior des Klosters, Pater Stephan, zum Kaplan der Stiftspfarre Zwettl ernannt wurde. Der dritte Eintrag besagt, dass Pater Stephan sich in der Zeit von 1990 bis 2004 immer wieder im bayerischen Kloster Aldersbach aufhielt.

Und dann gibt es noch einen vierten Eintrag aus der Zwettler Bezirkszeitung. Bei den 17. Zwettler Bachtagen wurde beim Festgottesdienst am 13. März 2016 »auch des langjährigen Leiters der Zwettler Sängerknaben, P. Stephan Holzhauser, gedacht«. Das war zu seinem fünften Todestag.

10

Aus einer Aussendung von Pater Ägyd Traxler, meinem zweiten Präfekten, an die Eltern der Sängerknaben geht hervor, dass wir den 1. Mai 1969 damit verbrachten, entlang des Zwettler Waldlehrpfads nach Oberstrahlbach zu wandern, wo uns eine »Stärkung« erwartete. Dann gingen wir über Gradnitz ins Stift zurück.

Ich erinnere mich an diesen Wandertag. In Oberstrahlbach war Pater Maurus König zu Hause, dem die Pfarre erst im Jahr davor anvertraut worden war. Er war einer der beliebtesten Patres. Das hatte gewiss damit zu tun, dass er sich als sportlicher Typ gab und gerne mit uns Fußball spielen ging. Obwohl er kein sonderlich guter Fußballspieler war. Die besseren Spieler von uns konnten ihn austricksen. Vielleicht würde man heute sagen, er war der Populist unter den Mönchen, die die Sängerknaben umgaben. Er rauchte die süßlichen Zigaretten von der Marke *Milde Sorte*. Ihm konnte man leicht eine abschnorren, wie wir sagten.

Dass er vor allem zu älteren Schülern ein enges Freundschaftsverhältnis hatte, war offensichtlich. In diesen Kreis, in dem nach dem Sport Zigaretten geraucht wurden, wollte ich auch hineinkommen, was erst in der dritten Klasse gelang, als er, aller Funktionen bei den Sängerknaben entbunden, der neue Pfarrer von Oberstrahlbach war. Die Versetzung geschah im selben Sommer, in dem Pater Gottfried nach Heiligenkreuz und von dort weiter nach Neukloster übersiedeln musste. Und in dem wir mit Pater Bruno auf Konzertreise nach Rom fuhren, ohne zu ahnen, dass er kurz darauf abgelöst werden würde.

Ich weiß nicht, wie Pater Maurus von Abt Ferdinand Gießauf wahrgenommen wurde. Es scheint mir kein Zufall zu sein, dass er ihn gleichzeitig mit Pater Gottfried aus unserem engeren Kreis entfernte. Aber im Gegensatz zu Pater Gottfried konnte man Pater Maurus nicht vom Kloster fernhalten. Es gab viele Anlässe, bei denen alle Patres aus den umliegenden Pfarren anreisten, um sich im Kloster zu einer gemeinsamen Beratung oder Feier zu versammeln. Da war dann in der Freizeit der Sängerknaben Pater Maurus plötzlich wieder zugegen und wurde von den Älteren freudig begrüßt. Da erst, ab der dritten Klasse, begann er, mich überhaupt zu beachten. Dass sich hinter seinem lockeren Verhalten pädosexuelle Absichten verbergen könnten, ahnte ich nicht. Er war nämlich ganz anders als Pater Gottfried. Der hatte etwas Verklemmtes und war nicht wirklich beliebt, auch wenn er sich sehr darum bemühte. Pater Maurus war beliebt und wirkte in seinem ganzen Verhalten offen und frei heraus.

Ich habe keine Erinnerung daran, wie die »Verpflegung« beim Wandertag am Zielort Oberstrahlbach verlief, aber ich erinnere mich, dass wir eine Gruppe von Dritt- und Viertklässlern waren, vier, fünf Buben, denen Pater Maurus FKK-Hefte zeigte und denen gegenüber er sich als Anhänger der Freikörperkultur bekannte. Das wird wohl bei diesem Wandertag gewesen sein. Es sei denn, es wäre ihm gelungen, eine Gruppe von uns aus anderen Gründen nach Oberstrahlbach zu bringen. Ich kann es nicht genau sagen. Aber als ich im Sommer 1969 Oberstrahlbach auf ganz neue Weise kennenlernen sollte, war mir schon bekannt, dass Pater Maurus gerne nackt badete und von einem FKK-Club eine reichlich bebilderte Zeitschrift bezog. Was mir irgendwie fortschrittlich vorkam, weil der liebe Gott uns ja nicht mit Kleidern geschaffen hat.

Am 19. Juni 1969 sangen wir im inneren Stiftshof vor dem Brunnen ein Abschiedsständchen. Dann stiegen die Professoren des Humanistischen Gymnasiums Krems, bei denen wir uns am Ende des Schuljahres einer Prüfung zu unterziehen hatten, wieder in ihre Autos und fuhren nacheinander durch den Torbogen unter dem Konvikt hindurch, und für mich war das Befürchtete Wahrheit geworden. Ich hatte eine Nachprüfung in Latein. Pater Paulus, mein Lateinlehrer, hatte mir ein Transistorradio versprochen, wenn ich eine Eins schaffe. Aber er hatte das Ziel wohl zu hochgesteckt und mich umso mehr als Versager dastehen lassen.

Drei Tage später fand in Stift Zwettl eine große Firmung statt. Bei dieser Gelegenheit erzählte ich Pater Maurus von meiner Nachprüfung. Er bot mir Latein-Nachhilfe an und schlug mir einen Termin vor, an dem ich ihn mit dem Lateinbuch in seiner Pfarre besuchen solle. Ich könne auch gerne bei ihm übernachten, damit wir genug Zeit hätten, alles durchzugehen. Das klang gut. Auch von anderen, älteren Mitschülern wusste ich, dass sie schon bei Pater Maurus zu Gast gewesen waren. Sie sprachen gut über ihn. Ich weiß bis heute nicht, ob sie mich hätten warnen können. Ich hegte keinen Verdacht.

Am Beginn der Sommerferien fuhr ich, wie im Jahr davor, erneut mit dem Moped meines Bruders zu einem Pfarrhof, aber diesmal nicht, um das Orgelspiel zu lernen, sondern um meinen Lateinkenntnissen nachzuhelfen. Der offiziellen Fahrerlaubnis war ich mittlerweile ein Jahr näher gerückt. Es waren nur etwa zwanzig Kilometer bis Oberstrahlbach, auf kleinen Straßen mit vielen Abzweigungen. Mein Vater hatte genaue Pläne vom Waldviertel, auf denen jeder Güterweg verzeichnet war. Ich wollte möglichst auf den schmalen Straßen und Güterwegen bleiben, weil es dort keine Gendarmeriestreifen gab.

Pater Maurus empfing mich herzlich mit einem Glas Wein und einer Zigarette. Wir kamen im Schwung der Wiedersehensfreude bald auf die FKK-Hefte zu sprechen, zu denen er uns beim Wandertag (oder einer Einladung danach) einen kleinen Vortrag über die gottgefällige Natürlichkeit des Körpers gehalten hatte. Jetzt sagte er, dass er noch viel »schärfere« Sachen habe, und brachte mir aus dem Nebenraum Pornohefte. Da hatte ich dann allerdings eine Menge zu schauen. Es waren meine ersten Pornohefte.

Pater Maurus gab Kommentare zu den einzelnen Seiten ab. Es war nichts Schwules dabei. Männer und Frauen, deren groß abgebildete sexuelle Handlungen mir die Hormone einschießen ließen. Er hatte leichtes Spiel mit mir. Die Verführung legte Pater Maurus so an, als wären bei unserem »Spiel« eigentlich die Frauen gemeint, als würden wir einander die Frauen ersetzen. Ich war von den Pornohefen aufgewühlt und er vielleicht von meiner Aufwühlung.

Am frühen Nachmittag fuhren wir gemeinsam in seinem Auto nach Zwettl, wo er auf dem Postamt zu tun hatte. Dort saß auf einer Wartebank eine Schülerin mit gespreizten Beinen. Ich blickte ihr in den Schritt, woraufhin sie die Beine blitzartig schloss und einen roten Kopf bekam. Auch mir war das peinlich, aber Pater Maurus amüsierte sich darüber. Nach seinen Erledigungen auf der Post lud er mich in die Konditorei *Schön* ein. Dann fuhren wir wieder nach Oberstrahlbach zurück. Aber für die Lateinnachhilfe war noch immer keine Zeit, weil er in der Kirche eine Andacht zu halten hatte. Ich wollte dabei sein. Er beorderte mich in den Chor hinauf und bat mich, das Zusammentreffen mit der Kirchengemeinde zu meiden. Wie er mir das erklärte, kann ich nicht mehr rekonstruieren. Vielleicht waren auch gar nicht viele Erklärungen nötig. Ich saß jedenfalls vor dem Eintreffen der anderen Kirchenbesucher schon oben im Chor und wartete am Ende, bis Pater Maurus mich abholte. Während der Predigt sah er unentwegt zu mir herauf. Vielleicht bildete ich mir das aber nur ein, weil er auch sonst bei Predigten den Blick gerne zum Himmel wandte.

Nach einem üppigen Abendessen mit Wein stellte sich heraus, dass für mich ein anderes Bett vorgesehen war als das, auf dem meine Tasche lag, nämlich das, in dem er selbst schlief. Es war für mich keine große Überwindung, mit ihm ins Bett zu schlüpfen, die Frage war bloß, was er dort von mir wollte. Es gab gewisse »Spiele«, Masturbationspraktiken, die mich mittlerweile selbst erregten. Meine im Jahr davor auf der Orgelbank erwachte, bescheidene Widerstandskraft bestand in diesem Fall nur noch darin, dass ich ihm nicht alles, was er wollte, zugestand. Es blieb in einem gewissen Rahmen, der damals für mich schon weit genug war, aber von Pater Maurus gerne überschritten worden wäre, so dass ich ihn immer wieder bremsen musste. Ich erinnere mich, dass wir zwischendurch sagten, jetzt schlafen wir, aber dann begann er erneut, mich zu streicheln.

Ich schlief noch am nächsten Morgen, als er von der Messe zurück in den Pfarrhof kam. Er trat zu mir ans Bett und küsste mich auf die Stirn. Nach dem gemeinsamen Frühstück gab es tatsächlich eine Lateinnachhilfestunde. Danach verließ ich auf meinem Moped den Pfarrhof von Oberstrahlbach und kam nie wieder zurück.

Pater Maurus ist mir in den folgenden Jahren noch mehrmals begegnet. Unser Verhältnis blieb abgekühlt. Er wusste, dass er nicht nur überhaupt, sondern auch für mein damaliges

Empfinden zu weit gegangen war. Im Gegensatz zu Pater Gottfried hatte er nie den Kontakt zu meinen Eltern gesucht. So als wäre Gottfried auf Zehn- bis Zwölfjährige spezialisiert gewesen, Pater Maurus hingegen auf Dreizehn- bis Vierzehnjährige. Da galten dann schon andere Spielregeln. In denen waren die Eltern kein großer Faktor mehr. In meiner Sängerknabenzeit habe ich gelernt, ohne Eltern zu leben.

Im Diözesanarchiv St. Pölten ist unter dem Eintrag vom 15. September 1981 (Eintragsnummer 1981 / 10–06) zu lesen:

P. Maurus König OCist, bisher Pfarrvikar in Oberstrahlbach, kehrte in das Stift als Sängerknabenpräfekt und Regens Chori zurück.

Das war dann schon unter Abt Bertrand Baumann, dem Nachfolger von Ferdinand Gießauf. Pater Maurus war Präfekt und Chorleiter gleichzeitig geworden. Das kann nicht lange gutgegangen sein.

11

Auf der Website der *Plattform Betroffener kirchlicher Gewalt* findet man viele Berichte und Analysen über die Aufdeckung von kirchlichen Missbrauchsfällen im letzten Jahrzehnt. Unter der Rubrik *Vernetzung* werden die in den deutschsprachigen Ländern existierenden Organisationen und Hilfseinrichtungen genannt, an die sich Missbrauchsopfer wenden können, darunter auch die Klasnic-Kommission. Während die anderen Einrichtungen nur vorgestellt werden, ist der Eintrag der Klasnic-Kommission mit einem kritischen Kommentar versehen:

Die ANGEBLICH UNABHÄNGIGE Opferschutzanwaltschaft ist eine Einrichtung, die von der Bischofskonferenz finanziert wird. Sie steht allen Opfern von Missbrauch und Gewalt in Kirche und Gesellschaft in Österreich zur Verfügung. Seit 2010 wurden ca. 2000 Fälle bearbeitet und rund 25 Millionen Euro an Wiedergutmachung ausbezahlt.

Wir stehen der Einrichtung sehr kritisch gegenüber, da sie die Täter schützen und von der katholischen Kirche bestmöglichen Schaden (sic!) abwenden soll.

Unter der Rubrik *Frequent Asked Questions* wird auf die Frage, wieso es besser sei, sich an die Plattform bzw. deren Juristen zu wenden, folgendermaßen geantwortet:

Die Plattform bzw. der sie vertretende Rechtsanwalt unterstützt Ihre Interessen und bearbeiten (sic!) Ihre Ansprüche so, dass sie auch im Falle einer gerichtlichen Geltendmachung vertretbar sind. Demgegenüber ist die »Klasnic-Kommision« (sic!) nicht kirchenunabhängig, da sie von Kardinal Schönborn eingesetzt, bezahlt und letztlich gesteuert wird.

Auf die Frage »wie kann ich zur Aufklärung beitragen?«, wird geantwortet:

Das Wesentliche in der Gesamtsituation ist die Kenntnis von zahlreichen Missbrauchsfällen mit ganz grundsätzlichen Vorwürfen. Deswegen ist es für alle Betroffenen sehr gut, wenn sie sich an unsere kirchenunabhängige Plattform wenden. Bei der von der Kirche eingesetzten Schönborn-Klasnic-Kommission ist davon auszugehen, dass kirchliche Gewalttäter weiter geschützt werden.

Am Ende wird noch gefragt:

Kann man sich sowohl an die Kommission als auch an uns wenden?

Die Antwort lautet:

Wenn Sie sich an die Plattform Betroffener Kirchlicher Gewalt bzw. an deren Anwälte wenden, sind die Chancen auf akzeptable Entschädigungszahlungen aufgrund der höheren Durchschlagskraft vieler Anspruchsteller deutlich besser. Die kircheneigene [gemeint ist: Bei der kircheneigenen; J. H.] Kommission unter Waltraud Klasnic (sie ist Inhaberin des höchsten Ordens, den der Papst an Laien vergibt) muss leider davon ausgegangen werden, dass versucht wird, die Betroffenen so günstig wie möglich »abzuspeisen«.

Auch wenn der letzte Satz einer gewissen grammatischen Nachkorrektur bedürfte, stellte sich für mich trotzdem die Frage: Hatte ich mich an die falsche Institution gewandt?

Unter dem von der Plattform angeführten Pressematerial findet sich auch ein Gespräch mit Waltraud Klasnic, das in der Zeitschrift *DATUM* im April 2019 veröffentlicht wurde. Darin sagte sie:

Mein Sohn hat mich einmal gefragt: Wenn mich ein Journalist fragen würde, ob er je eine Ohrfeige gekriegt hat, was ich antworten würde. Ich würde antworten, dass sie ihn fragen sollen, ob es ihm geschadet hat. Natürlich hat er eine gekriegt, beide haben hin und wieder eine gekriegt.

Der Gesprächspartner, Stefan Apfl, scheint irritiert gewesen zu sein, denn er fragte: *Ich nehme an, Sie sagen, dass es eine andere Zeit war?*

Waltraud Klasnic beschritt nicht diese goldene Brücke, sie berief sich nicht auf den damals anderen Zeitgeist, sondern antwortete:

Na ja, es war ja nicht Gewalt. Es war eine flotte Detschn. Sie haben meine Buben nicht gekannt. Sie sind inzwischen 53 und 55 und lachen dazu. Und so viel haben sie auch nicht gekriegt.

Besteht die Logik dieser Aussagen darin, dass Gewalt gegen Kinder nur dann eine solche ist, wenn das Opfer aussagt, dass sie ihm geschadet hat? Dann hätte Waltraud Klasnic nicht zur Kenntnis genommen, was die ihrer Kommission zuarbeitende *Ombudsstelle für Opfer von Gewalt und sexuellem Missbrauch in der katholischen Kirche*, wo auch ich letztlich meine Aussage gemacht habe, unter Gewalt versteht:

Körperliche und seelische Gewalt beinhaltet z. B.: Ohrfeigen, Schläge, absichtliches Stoßen, Würgen, Festhalten, Einsperren; Essen, Getränke oder Schlaf entziehen; Verängstigungen, Drohungen, Erpressungen, Verleumdungen, Beschimpfungen, Demütigungen und Verspottung.

Das Interview von Waltraud Klasnic blieb nicht ohne Reaktionen.

Hätte es noch eines Beweises bedurft, dass Klasnic für ihr Amt moralisch nicht in Frage kommt, so ist er jetzt erbracht, meinte Sepp Rothwangl von der *Plattform Betroffener kirchlicher Gewalt* in seiner Presseaussendung vom 4. April 2019. *Wie will jemand, der frohgemut gesteht, seine Kinder geohrfeigt zu haben, und sich auch heute davon nicht distanzieren mag, einen so sensiblen Bereich wie die Leitung einer Kommission gegen Gewalt an Kindern verantworten?*

Rothwangl verlangte eine Entschuldigung für diese Äußerung und forderte Kardinal Schönborn auf, seiner »Opferschutzbeauftragten« den sofortigen Rücktritt nahezulegen.

So gut wie alle österreichischen Medien haben das Thema aufgegriffen, aber Waltraud Klasnic blieb im Amt.

Mich interessiert, warum Waltraud Klasnic die von Stefan Apfl bereitgestellte goldene Brücke nicht betreten und vom Geist der damaligen Zeit gesprochen hat, anstatt zu insinuieren, dass die flotten Detschn ihren Söhnen nicht geschadet hätten. Im Zwischenbericht über ihre zweijährige Tätigkeit, den die *Unabhängige Opferschutzkommission* am 17. April 2012 vorlegte, findet sich auch ein Beitrag von Brigitte Bierlein, in dem sie die Entwicklung der österreichischen Gesetzeslage hinsichtlich der Erziehungsgewalt an Kindern darstellt:

So wurde das elterliche Züchtigungsrecht in Österreich erst mit dem StGB 1975 abgeschafft (bis dahin waren gemäß § 413 StG nur Misshandlungen mit körperlichen Folgeschäden strafbar). § 145 ABGB (der Eltern und Erziehern eine »unschädliche« Züchtigung ungehorsamer oder die häusliche Ordnung störender Kinder erlaubte) wurde erst 1977 aus dem Rechtsbestand entfernt, Eltern die Ausübung von Gewalt sowie die Zufügung körperlichen oder seelischen Leids gegenüber ihren minderjährigen Kindern erst 1989 (durch das »Gewaltverbot« des § 146a ABGB) verboten. Der »Zeitgeist« der Vergangenheit, in der Kinder mehr oder weniger als rechtlos angesehen wurden, begünstigte Gewaltexzesse gegenüber anvertrauten Kindern.

Unter der Regierung Bruno Kreiskys wurden Kinderrechte langsam mehrheitsfähig. Waltraud Klasnic war damals im Frauenbund der ÖVP tätig und in dieser Institution gewiss mit den Gesetzesänderungen befasst. Die meisten Gewalttaten an

Kindern waren vor 1975 noch nicht strafbar. Insofern sind die Ohrfeigen von Waltraud Klasnic juristisch nicht relevant. Aber das Ansehen ihres Amtes zu wahren, so würde man meinen, hätte Waltraud Klasnic so wichtig sein müssen, dass sie ihrer Argumentation gleichsam automatisch die europäischen Standards für Kinderrechte zugrunde legt und auch das eigene Verhalten in Frage stellt. Denn das ist eigentlich ihr täglich Brot, wenn sie in der *Unabhängigen Opferschutzanwaltschaft* darüber zu urteilen hat, ob jemand wegen der an ihm vollzogenen Gewaltmaßnahmen der Hilfe bedarf oder entschädigt werden soll.

Brigitte Bierlein hat in ihrem Beitrag zum Zweijahresbericht die Messlatte der *Unabhängigen Opferschutzkommission* (UOK) so definiert:

Die Hilfestellungen durch die UOK erfolgen jeweils aus dem Blickwinkel heutiger – gewaltfreier – Erziehungsstandards.

Wenn das so ist, dann ist es umso erstaunlicher, dass plötzlich in der Vorsitzenden dieser Kommission der Verharmlosungsmodus gegenüber der Vergangenheit durchbricht, der mir, auf andere Weise, nicht fremd ist. Mir kommt es so vor, als hätte er etwas zutiefst Österreichisches, weil er tatsächlich im ganzen Land anzutreffen ist. Aber es hat auch nicht jeder im Land eine Opferschutzkommission zu leiten.

Als ich von Pater Bruno geschlagen wurde und meine Eltern ihn nicht gebremst, sondern ermutigt haben, das zu tun, war Waltraud Klasnic knapp über zwanzig Jahre alt. Die konservativ-katholischen ÖVP-Welten in der Steiermark werden denen im Waldviertel nicht unähnlich gewesen sein. Ich erinnere mich im Dorf an kein einziges Haus, in dem die Kinder nicht geschlagen wurden. Strenge Elternschaft galt als allgemein akzeptierte Tugend. Und Internate hatten damals den Ruf besonderer Zucht und Strenge. Wenn du nicht spurst, kommst du ins Internat, war eine in Wien von Eltern häufig verwendete Drohung.

Im Dorf waren Internatskinder Ausnahmen. Die zwei, drei, die es in den umliegenden Dörfern gab, waren alle in kirchlichen Internaten untergebracht, mit dem Berufsziel, Priester zu werden. Wenn sie es dann nicht wurden, war das Dorf enttäuscht. Aber es gab auch immer welche, die hatten es schon so kommen sehen. In meinem Dorf wird es wohl nicht anders gewesen sein. Dass in den Konvikten, Internaten und Heimen geschlagen wurde, war kein Insiderwissen, es war in der Stadt und auf dem Land bekannt. Und wurde allgemein akzeptiert.

Im Sängerknabenkonvikt von Stift Zwettl hatte das gewalttägige Erziehen ein System hervorgebracht, das die Opfer zu Tätern erzog. Als ich in der vierten Klasse als Studieraufsicht eingeteilt war, ermahnte ich einen Mitschüler aus der zweiten Klasse, der in irgendeiner Weise die Ruhe störte, ohne dass ich heute noch sagen könnte, was genau er getan hat. Aber meine Ermahnung blieb ohne Folgen. Und so schaukelte sich das Hin und Her von Ermahnen und Nichtbefolgen hoch, bis ich zu ihm hinging und drohte, ihm eine Kopfnuss zu verabreichen, aber auch das wollte ihn nicht beeindrucken. Ich schlug ihm meine Knöchel auf den Hinterkopf. In den meisten Fällen dieser Bestrafungsmaßnahme von Viertklässlern an den Jüngeren trat dann Ruhe ein. Die Kopfnuss, das Schlagen mit dem Lineal auf die Finger und eventuell die »Naska Nulla«, die allerdings, als ich in der Vierten war, aus der Mode kam, waren die äußersten Druckmittel der Älteren, dann musste die Autorität sich durchgesetzt haben. Das galt dann als gelungene Studienaufsicht. Aber manchmal gelang das nicht.

Auch in dem Fall, in dem ich der Täter war, trat nach meinem Angriff durch eine Kopfnuss keine Ruhe ein. Ich schlug erneut zu, mein Mitschüler wehrte sich, ich wollte noch fester zuschlagen, als mir plötzlich klarwurde, dass ich gerade dabei war durchzudrehen. Ich hatte nicht die Souveränität, mich zu entschuldigen, sondern versuchte nur, irgendwie aus der Situation herauszukommen. Seit fünfzig Jahren kommt mir diese Szene immer wieder in den Sinn. Sie besteht aus einem unentwirrbaren Knäuel von Akten der Gewalt und Momenten der Scham.

Indem ich damals ein weiteres Mal zuschlug, versuchte ich nicht nur, meine persönliche Überlegenheit zu beweisen, sondern die Überlegenheit des Systems, in das ich eingespannt war. Die Rationalisierung meiner Gewalttat bestand darin, dass ich mir einbilden konnte, es gehe hier gar nicht um ein persönliches Versagen gegenüber einem Jüngeren, sondern um ein Versagen im Dienst einer pädagogischen Grundordnung, für deren Aufrechterhaltung ich in dieser Situation zuständig war. Es ging um meine Autorität. Die wurde untergraben. Ich hatte die überlegene Person zu bleiben. Auch wenn es in Wirklichkeit ein gesellschaftliches Rollenspiel war, ein Machtspiel zwischen dem, der die Rolle des Überlegenen zu verteidigen hat, gegenüber demjenigen, der sich im eskalierenden Streit um die Vorherrschaft mit der Rolle des Unterlegenen nicht bescheiden will. Offenbar haben die Söhne von Waltraud Klasnic sich nicht gewehrt, sonst hätte sie die »flotten Detschn« anders in Erinnerung.

Ich hatte mich einmal gegen eine Ohrfeige meiner Mutter gewehrt. Die Szene ist mir vor Augen geblieben. Es war in der Scheune unseres Bauernhofs. Warum ich die Ohrfeige bekommen sollte, weiß ich nicht mehr. Meine Mutter schlug mich selten, es muss etwas gewesen sein, das sie in besonderem Maß herausforderte. Ich war vierzehn Jahre alt, höchstens fünfzehn, und ich war kein Sängerknabe mehr, sondern im

Nachfolge-Internat in Horn untergebracht, das von Pater Norbert, einem Zwettler Zisterzienser, geleitet wurde. Ich konnte es nicht ertragen, dass sich außer dem neuen Präfekten, dem ich nun untertan war, immer auch noch mein Elternhaus für mich zuständig fühlte.

Ich wehrte mich dagegen, eine Ohrfeige zu bekommen, und rang meine Mutter in der Scheune nieder. Diese Gegenwehr stellte ein neues Verhältnis zwischen meiner Mutter und mir her. Sie wusste nun, dass sie nicht länger in der Lage war, mir mit Gewalt beizukommen. Sie musste zu den alten Mitteln der Überzeugungskraft zurückkehren, sie war es ja auch gewesen, die mich spirituell auf den Weg gebracht hatte. Bloß, die alten Mittel funktionierten nicht mehr. Ich hatte mich in der vierjährigen Internatszeit von ihr entfremdet. Das Niederringen meiner Mutter blieb mir so präsent wie die Kopfnüsse gegen den jüngeren Mitschüler. Ich habe durchaus auch ein kleines Täterprofil, einmal gegen die Autorität und einmal im Dienst der pädagogischen Staats- und Kirchenordnung.

Die Verharmlosung der in den sechziger und siebziger Jahren üblichen erzieherischen Gewaltmaßnahmen liegt im Interesse der Täter. Mir ist die Mentalität, die in Waltraud Klasnic beim Gespräch durchbrach, wohlbekannt. Man will sich nicht die eigene Vergangenheit schlechtmachen lassen. Bei sich selbst kennt man die guten Absichten und macht sie zur Grundlage des Urteils, bei anderen aber nur die Taten. Zur Stärkung des eigenen Selbstbildes mag eine solche Haltung durchaus Bedeutung haben, sie gibt Mut und Kraft, selbstbewusst seinen Weg zu gehen, als politische Haltung verzerrt sie das Geschichtsbild und schafft neue Mythen. Erst recht, wenn sich nicht nur die Opfer sexualisierter Gewalt, sondern auch die Opfer einer gewalttätigen Erziehung mit dem Täter identifizieren. Da trifft man dann auf Geschlagene, die einem erzählen: Es war eine harte Schule. Aber geschadet hat sie mir nicht.

Diese Haltung dürfte auch einem guten Teil der ehemaligen Sängerknaben nicht fremd gewesen sein, die sich Ende 1980, fünf Jahre nach der Änderung der Gesetzeslage, im Festsaal des Stiftes zu einem Altsängerknabentreffen versammelten. Ich hatte damals gerade mein erstes Buch veröffentlicht, einen Band von Erzählungen, unter denen die Titelgeschichte, »Der Konviktskaktus«, meine erste literarische Befassung mit dem Leben im Sängerknabenkonvikt von Stift Zwettl war. Schon da kam ein gewisser Pater Bruno vor. Es war mein erster Versuch, darüber zu sprechen, mein erster Versuch einer Abrechnung. Aber noch ohne in der Lage zu sein, die pädosexuellen Übergriffe auch nur anzusprechen.

Der erste Teil des Altsängerknabentreffens wurde, nach der Begrüßung durch den Abt, gleich von fünf Rednern, allesamt Altsängerknaben aus unterschiedlichen Jahrgängen, bemüht launig gestaltet. Sie erzählten Anekdoten, Erinnerungen und bekundeten, wie dankbar sie heute noch für die strenge Klostererziehung seien. Gleich drei der fünf Redner erwähnten meine Erzählung, was für mich eine Ehre hätte sein können, aber sie taten es alle, um sich von ihr abzugrenzen. Im Gegensatz zu mir hatten sie offenbar keine Rechnung offen.

Einer von ihnen war beim anschließenden Essen zufällig mein Tischnachbar. Wir stellten uns vor. Er erschrak regelrecht, als ich meinen Namen nannte, denn er war nicht davon ausgegangen, dass ich kommen würde. Und er war sich auch gleich sicher, dass ich alles missverstanden hätte. Er sagte, dass er die in meiner Erzählung geschilderten Erfahrungen durchaus mit mir teile, aber die Tendenz meiner Geschichte sei vielleicht ein bisschen zu negativ. Ich fühlte mich ganz und gar unbehaglich und verließ vorzeitig das Altsängerknabentreffen, nicht ohne mich vorher von Pater Stephan, unserem ehemaligen Chorleiter, zu verabschieden, der kurz danach vom neuen Abt zum Stiftskaplan degradiert wurde. Es blieb mein bislang einziges Altsängerknabentreffen.

Pater Bruno war schon 1967 von allen schulpädagogischen Aufgaben entbunden worden. Abt Ferdinand Gießauf, der im Konvikt der Vorgänger von Pater Bruno als Präfekt gewesen war und selbst den Ruf hatte, ein »Strenger« gewesen zu sein, hatte zu lange zugesehen. Immerhin, er hat reagiert. Und dann war die exzessive Gewalt aus dem Konvikt verschwunden. Aber die sexualisierte und psychische Gewalt hat er, zumindest in meiner Sängerknabenzeit, nicht in den Griff gekriegt. Er hat Pater Gottfried nach Heiligenkreuz und Pater Maurus in eine Pfarre geschickt, doch die Übergriffe gingen weiter.

12

Auf einem der Fotos sind wir beim Kirchen-
konzert zu sehen. Wir stehen in unseren weißen Gewändern
auf den Altarstufen der gotischen Kathedrale, im Hintergrund
ein barocker Hochaltar. Ich habe mir die auf dem Foto Abge-
bildeten, Sängerknabe für Sängerknabe, mit der Lupe genau
angesehen und habe mich gefragt, mit welchem ich Kontakt
aufnehmen soll, um ihm die vorigen Kapitel dieser Darstellung meines Falls zum Lesen zu geben. Je länger ich dieses
Foto betrachtete, desto mehr Mitschüler erkannte ich wieder.
Bei einem überfiel mich die Erinnerung, dass er es war, der
mir damals eine Kartoffel auf den Stoß Hefte im Fach meines
Schreibpults gelegt hat, weil er den Spottnamen »Hasenvieh«
durch »Erdapfel« ersetzt haben wollte und dafür Stimmung
machte. Ich schoss während der Choralprobe den Erdapfel
quer durch den Raum, um den zu treffen, von dem ich instink-
tiv dachte, dass er es gewesen sein musste. Und er war es auch.
Aber ich schoss daneben, und ich war es dann auch, der be-
straft wurde. Ich hatte keine Sprache, um zu erklären, was vor
sich ging. Aber es hat mich auch niemand danach gefragt.

Nicht nur diejenigen, die ich in unangenehmer Erinnerung
hatte, wollte ich ausschließen, auch die, mit denen ich auch
nur in irgendeiner Weise sexuelle Kontakte hatte. Und dann
stieß ich auf einen Mitschüler, mit dem ich ganz gut zurecht-
gekommen bin, der mich nie gehänselt hat, mit dem ich aber

auch nicht sonderlich befreundet war. Vor sieben Jahren hatte ich ihn zufällig wiedergesehen. Wir hatten uns über die alten Zeiten unterhalten, und es hatte sich herausgestellt, dass er sowohl mit einigen von unseren ehemaligen Mitschülern, als auch mit ehemaligen Klerikern weiter in Kontakt stand. Er konnte mir viele Neuigkeiten erzählen. An ihn wandte ich mich. Ich bat ihn, das Manuskript zu lesen. Danach wollte ich ihn treffen, damit er mir alles sagt, was er anders in Erinnerung hat. Das war unsere Vereinbarung.

Nach der Lektüre schrieb er mir eine Mail:

Wenngleich ich das Glück hatte, von jedweden Annäherungsversuchen seitens der Patres verschont geblieben zu sein, sind mir doch viele Details deiner Erzählung in Erinnerung, weil ja nach dem Abgang von P. Gottfried und dem plötzlichen Tod von (N. N.) im Sommer 1967 am Anfang des Schuljahres 1967 / 68 viel über diese Dinge gesprochen wurde, zumindest unter uns 13- und 14-Jährigen; von Seiten der Erwachsenen kann ich mich nur erinnern, dass P. Stefan verschiedene Andeutungen gemacht hat, die ich aber damals nicht wirklich verstanden habe.

Und dann erwähnte er einen Vorfall, der mich aufhorchen ließ:

Mit dem Viktor Adolf jedoch ist es mir sehr ähnlich wie dir widerfahren, mir fehlt nur die Erinnerung, wann genau das war (es war definitiv nur ein einziges Mal, ich glaube, es war irgendwo in Südtirol), ganz deutlich erinnere ich mich jedenfalls, dass mir den ganzen nächsten Tag fürchterlich schlecht war und ich ziemlich verstört herumgelaufen bin, geredet habe ich damals allerdings mit niemandem, du bist der Erste und Einzige, zu dem ich nach so vielen Jahren darüber spreche.

Er sagte, ich sei *der Einzige*, dem er bislang davon erzählt habe. Aber ich las vor allem, dass ich nicht der Einzige war, bei dem Viktor Adolf übergriffig wurde, und war paradoxerweise erleichtert. Ich habe mir von meinem Mitschüler die Erlaubnis eingeholt, ihn zitieren zu dürfen, denn immerhin kommt seine Mitteilung einer zweiten persönlichen Anklage gegen Viktor Adolf gleich.

Wir trafen uns zum Gespräch. Er erzählte mir, dass unter den Altsängerknaben, mit denen er in Kontakt stehe, immer noch darüber spekuliert werde, ob der Mitschüler, der damals die Sache ins Rollen brachte, sich nicht doch selbst vom Berg gestürzt hat oder gar von jemandem geschubst worden ist. Die Ereignisse von 1967 scheinen im Kreis der Altsängerknaben bis heute für Verschwörungstheorien gut zu sein.

Ich fragte ihn nach den »Andeutungen« von Pater Stephan, die er in seiner Mail erwähnt hatte. Und dann redete er über einen Mitschüler, der mir mit seinen hellblonden Haaren immer besonders hübsch vorgekommen war, der aber auf dem Chorfoto fehlte. Schnell erinnerte ich mich wieder an ihn, weil er zu denen gehörte, auf die Pater Gottfried ein Auge geworfen hatte. Ob er mir deswegen besonders hübsch vorkam? Jedenfalls schied er in der zweiten Klasse aus dem Chor aus, weil er seine Singstimme verloren hatte. Mein Gesprächspartner erzählte mir, er habe damals nicht verstanden, was Pater Stephan meinte, als er über den ausgeschiedenen Mitschüler sagte: Pater Gottfried hat ihm seine Stimme verdorben.

Er kam auf einen anderen Mitschüler zu sprechen, der damals von Pater Gottfried immer im Klavierzimmer belästigt worden war. Ich wusste davon und hatte das auch in meiner letzten Missbrauchserzählung, *Im Spielsaal*, in die Handlung eingebaut: Der Ich-Erzähler schleicht Pater Gottfried und dem Mitschüler nach und verspürt so etwas wie Eifersucht, als er sie im Klavierzimmer antrifft.

Wir sprachen über unsere Begegnungen mit Viktor Adolf. Der singuläre Übergriff bei ihm verlief nicht viel anders als der bei mir. Wieder war es auf einer Konzertreise gewesen, nach Deutschland und Südtirol, vermutlich ziemlich genau ein Jahr nach dem Übergriff an mir. Auch bei ihm war der Organist betrunken gewesen. Für ihn war das Erlebnis offenbar verstörender gewesen als für mich, da es, im Alter von vierzehn Jahren, sein sexueller Erstkontakt mit einem Erwachsenen war. Für ihn war es *das* Missbrauchserlebnis von Stift Zwettl – über das er aber bisher nie mit jemandem gesprochen hatte. Von den anderen Übergriffen hatte er nur gehört.

Wir kamen auf Pater Maurus zu sprechen. Seine Versetzung in eine Pfarre hatte mein Mitschüler damals nicht mit der Versetzung von Pater Gottfried in Zusammenhang gebracht. Erst im Nachhinein habe er von ehemaligen Klerikern erfahren, dass es Pater Maurus »mit Knaben hatte«.

Vor allem unterhielten wir uns über Pater Bruno. Er erinnerte mich daran, dass Pater Bruno beim Abendsport eines Mitschülers, als dieser Liegestütze zu vollführen hatte, die Zirkelspitze unter seinen Bauch hielt, damit er sich richtig durchstreckte und nicht mit dem Unterkörper zu Boden sank. Das war an der Grenze zur Tortur. Er erzählte mir, und auch das hatte ich vage in Erinnerung, dass einem Mitschüler bei einer Ohrfeige von Pater Bruno das Trommelfell geplatzt war. Im Gegensatz zu mir wusste er den Mitschüler zu benennen. Und nun wusste ich es auch wieder genau. Er war aus meiner Klasse gewesen. Das Trommelfell ist im Laufe des Jahres zusammengewachsen, und er hörte wieder besser.

Und dann erzählte er mir von einem anderen Mitschüler, den ich auf dem Chorfoto nicht mehr erkannt hatte, weil er nur eineinhalb Jahre bei uns gewesen war. Er hatte aus seinem Stofftaschentuch eine Art Büstenhalter gefaltet, den er sich an die Brust hielt. Zufällig sei in diesem Moment Pater Bruno hereingekommen. Sofort hatte ich das Bild vor mir. Es war im

Studiersaal gewesen. Aufsicht hatte offenbar der Senior. Der Mitschüler legte seinen Taschentuch-BH an, die Buben um ihn herum begannen zu lachen, ich saß vor ihm und drehte mich um. Der Mitschüler zeigte sein Kunstwerk nach allen Seiten. Der Senior war gerade dabei einzugreifen, da ging schwungvoll die Tür auf und Pater Bruno stand im Raum. Der Mitschüler wurde wegen dieses Vorfalls aus dem Konvikt geworfen.

Wir sprachen auch über die von Pater Bruno verhängten Kollektivstrafen. Ich hatte die Anlässe für diese Strafmaßnahmen vergessen, mit Ausnahme des einen, den ich in meiner ersten Klostergeschichte, *Der Konviktskaktus*, verarbeitet hatte. Der Ich-Erzähler bricht bei einer der Lieblingskakteen der Konviktstante versehentlich einen Trieb ab, aber er meldet sich nicht. Mein Gesprächspartner erinnerte sich an weitere Anlässe.

Wir veranstalteten im Leseraum ein Bingo, bei dem wir Bohnen auf die Zahlen legten. Irgendjemand schoss eine Bohne durch den Raum. Pater Bruno fragte, wer war das? Es meldete sich niemand. Pater Bruno brach das Bingo ab und sagte: »Alle können sich nun bedanken bei dem Schweinehund, der sich nicht meldet.« Zur Strafe hatten wir ein ganzes Wochenende lang nur Studierzeit.

Beim Wort »Schweinehund« klingelte es bei mir. Das war der Ausdruck, den Pater Bruno immer vor Kollektivstrafen verwendete. Wir sollten uns bei dem Schweinehund bedanken. Wenn es um Selbstdisziplinierung ging, sagte er auch, so wie der Buchbinder, wir müssten den »inneren Schweinehund« besiegen. Es mag von dieser Ausdrucksweise herkommen, dass wir Pater Bruno, unter uns, »Schweinemann« nannten.

Mein Mitschüler erinnerte sich allerdings nicht daran, dass wir zu Weihnachten im Speisesaal kleine Geschenke vorgefunden hätten, und ich konnte ihm auch nicht sagen, welcher

Art die gewesen sein sollen. Ich hatte es mir möglicherweise nur eingebildet. Aber dass wir dann zum Buchbinder gingen, der ein Kettenraucher war und uns Wein anbot, war ihm ebenso präsent wie mir.

Einmal, so erzählte er mir, habe er nach einem Weihnachtsgeschenk für seine Eltern gesucht und Pater Bruno um Rat gefragt. Der gab ihm eine rot eingebundene Bibel, in die er eine Widmung hineinschrieb. Mein Mitschüler war für diese Geste dankbar und schenkte die von Pater Bruno gewidmete Bibel seinen Eltern zu Weihnachten. Aber Pater Bruno hatte meinem Mitschüler nicht nur beim Schenken geholfen, er hatte das Geschenk auch zerstört. Bald nachdem der Sohn den Eltern sein Weihnachtsgeschenk übergeben hatte, erhielten sie von Pater Bruno die Rechnung zugeschickt.

Mein Mitschüler gestand mir, wie schwer er sich im Leben damit getan habe, seine Autoritätshörigkeit abzulegen, und nannte mir Beispiele seines unsinnigen Wohlverhaltens. Er sagte: Aber dir ist es ja nicht anders gegangen, wenn du, nach dreimaliger Aussage, der Zumutung, alles selbst aufzuschreiben, nicht widersprochen hast.

Er bezeichnete Pater Bruno als eine »Übermacht«, der man als Kind nur auf eine Weise gewachsen war, nämlich indem man sich »einhaute«, also anbiederte. Wir seien zu Opportunisten erzogen worden, zu »Gefallsöhnen«, gezwungen zur Selbstaufgabe, um uns geliebt zu fühlen.

13

Es gab Mönche, die im Kloster ihren Aufgaben nachkamen und zu den Sängerknaben entweder gar keinen oder nur ganz selten persönlichen Kontakt hatten. Sie suchten nicht unsere Nähe. Sie nickten uns nach einer schön gesungenen Messe anerkennend zu, hin und wieder, bei den großen Kirchenfesten, konnte es auch zu einem kleinen Gespräch kommen.

Dann gab es Mönche, von den Novizen bis zum Abt, die bei den Sängerknaben als Lehrer oder Erzieher ihren Dienst versahen. Das Privatgymnasium war in das Konvikt räumlich integriert. Die Novizen unterrichteten gewöhnlich in den beiden unteren, die Patres, der Abt, der Oberförster, der Kellermeister und immer wieder auch Aushilfen aus dem Gymnasium Zwettl unterrichteten in den beiden oberen Klassen.

Mein erster Mathematiklehrer war ein Novize, ebenso mein erster Geographie- und mein erster Geschichtslehrer. Manche von ihnen hatten gerade maturiert. Von den Schülern in der vierten Klasse trennten sie bloß vier Jahre. Da entwickelten sich auch Freundschaften, die ganz unbedenklich waren und ein Leben lang anhielten.

Hinzu kamen noch die Instrumentallehrer, die zum Teil aus Krems und Zwettl anreisten. Bei weitem die meisten von denen, die berufsmäßig mit uns zu tun hatten, stelle ich völlig außer Verdacht, mit pädosexuellen Annäherungen in irgendeiner

Weise zu tun gehabt zu haben. Spätestens bei der Herbstkonferenz 1967, als im Kollegium gleich drei Positionen nachbesetzt werden mussten, wurden aber gewiss alle Lehrer über die Vorfälle informiert. Mit der Ausnahme von Pater Stephan sprachen sie nicht mit uns über das, was uns von nun an hätte erspart bleiben sollen.

Es gab dann noch eine dritte Gruppe von Mönchen, Laienbrüdern, Konventsdienern und anderen im Kloster Beschäftigten, die bei verschiedenen Anlässen in Kontakt mit den Sängerknaben standen oder auch die Nähe zu ihnen suchten. Das Kloster bestand ja nicht nur aus Mönchen, sondern war gleichzeitig ein großer Betrieb mit Forstwirtschaft, Sägewerk, Jagd, Feldbau, Fischzucht, Weinbau und einer eigenen Gärtnerei. Einige der Stiftsangestellten hatte Söhne, die Sängerknaben waren oder gewesen waren. Der Sohn des Oberförsters zum Beispiel war ein Sängerknabe, der das Privileg hatte, zu Hause schlafen zu dürfen. Das Umfeld von Menschen, die mit den Sängerknaben zusammenkamen, ging über den Kreis der Mönche weit hinaus. Manche von ihnen traf man nur und grüßte, mit anderen war man in der Freizeit zusammen oder beim Singen.

Ich denke gerne an den alten Laienbruder Clemens, einen schrulligen Herrn, der oft, mit dem Gehstock in der Hand, auf dem Bänkchen vor der Pforte saß und sich mit uns unterhielt. Die Ministranten trafen ihn auch vor jeder Messe in der Sakristei, denn er war der Stiftsmessner. Er scherzte und gab uns auch kleine Geschenke. Keine Frage, er mochte uns. Aber etwas Übergriffiges ist mir nicht bekanntgeworden. Gut in Erinnerung ist mir seine temperamentvolle Ausdrucksweise. Er sagte nicht, zum Glück scheint heute die Sonne, sondern er sagte, heute scheint die Sonne, Gott sei's gedankt, getrommelt und gepfiffen.

Zu den Feiertagen reisten aus ihren Universitätsstädten, aus Wien, Salzburg, Innsbruck, Rom und auch aus Frankfurt am

Main, die Kleriker an. Besonders Frankfurt hatte zwei Kleriker zu bieten, die das waren, was wir damals progressiv zu nennen begannen. Das Achtundsechzigerjahr ist an der Philosophisch-Theologischen Hochschule Sankt Georgen in Frankfurt nicht spurlos vorübergegangen. Wir freuten uns auf die Kleriker. Sie waren gerade einmal fünf, sechs Jahre älter als wir und brachten einen neuen Geist in unsere Reihen. Manche waren selbst Sängerknaben gewesen. Die meisten von den Novizen und Klerikern, die ich damals kennenlernte, haben den Orden im Lauf der Jahre wieder verlassen.

Zum Fest des Heiligen Bernhard, das auf den 20. August fällt, unterbrachen diejenigen von uns, die im aktuellen Chor sangen oder zusätzlich für eine große Singmesse gebraucht wurden, eigens ihre Ferien. Die unseren Chor ergänzenden Männerstimmen waren eine Mischung aus Patres, Stiftsangestellten und Altsängerknaben. Pater Bruno und Viktor Adolf halfen beim Bass aus, Pater Norbert, mein späterer Präfekt in Horn, und Frater Christian sangen Tenor, ebenso der Sohn des Oberförsters und der Sohn des Obergärtners. Nach dem feierlichen Hochamt mit vielen Konzelebranten, die den Altar in einem weiten Bogen umringten, zogen sich die Mönche in ihre Klosterzellen zurück, um auf uns zu warten.

Der Besuch der Sängerknaben in den Konventsräumen – anfangs auch zu Weihnachten und zu Ostern, später nur am Bernhardi-Tag, dem Geburtstagsfest des Ordensgründers – dürfte in Stift Zwettl eine lange Tradition gehabt haben. Wir hängten unsere Chorgewänder ordentlich in den Kasten neben dem Schuhputzraum und zogen dann in Zweierreihen zum Kreuzgang, wo uns der Präfekt vor der Tür zur sogenannten Klausur zu schweigen ermahnte, bevor er sie aufschloss. Die Klausur durfte von Frauen nicht betreten werden. Alle anstehenden Putz- und Hausarbeiten wurden dort von den Konventsdienern besorgt. Der Präfekt geleitete uns durch lange Gänge, in denen alle 10 Meter eine Tafel mit dem Wort SILENTIUM an der Wand hing. Stumm folgten wir ihm durch eine weitere Tür in den eigentlichen Zellentrakt, in dem ebenso an jeder Wand das Wort SILENTIUM stand.

Wenn sich dann der Präfekt zurückzog und wir, verteilt in eine Vielzahl von Gruppen und Einzelgängern, an die Türen der Mönchszellen klopften, erwarteten uns dahinter ganz unterschiedliche Empfänge. Die einen gaben uns Ribiselsaft zu trinken, während sie verlegene, aber wohlmeinende Gespräche mit uns führten, bei anderen gab es Wein und Zigaretten schon für Zehnjährige. Dazu mit jedem Glas und jeder Zigarette interessanter werdende Gespräche über die Frage, wie man sich die Auferstehung Jesu und die Aufnahme Marias mit Leib und Seele in den Himmel vorzustellen hat. Frater Christian wiederum dirigierte mit aufgeschlagener Partitur zu einer Rundfunkübertragung und versuchte, uns an einzelnen Stellen die Schwächen des Rundfunkdirigats vor Augen zu führen, oder er verwickelte uns in ein Gespräch über Picasso, wobei er mehr Picasso-Bände zu verteilen hatte, als es Weingläser gab. Vor uns Kindern wurde er zum großen Selbstdarsteller und wir waren ein dankbares, gut verpflegtes Publikum. Ein anderer Kleriker, den ich gern besuchte, auch weil er aus meiner Heimatgemeinde stammte, erzählte endlos witzige Anekdoten aus dem Klosterleben. Auch er war auf seine Weise ein geschätzter Unterhalter der Sängerknaben. In der Zelle von Pater Maurus ging es eher ausgelassen zu, in der von Pater Gottfried herrschte ein, wie ich es heute empfinde, verständnisvoll-freundlicher und religiös angehauchter Ton. Beide zogen ihre Lieblinge an – waren aber bei dieser Gelegenheit mit ihnen kaum allein.

Meiner Wahrnehmung nach waren diejenigen, die übergriffig

wurden, in der Gesamtzahl der Erwachsenen, mit denen wir es zu tun hatten, nur eine ganz kleine Gruppe, aber eine, die mir die Kindheit versaute.

Ende Mai 2017, einen Tag nach der Wahl von Johannes Maria Szypulski zum neuen Abt des Stiftes, wurde die Öffentlichkeit darüber informiert, *dass die Zwettler Sängerknaben ab dem nächsten Schuljahr ihre Tätigkeit nicht mehr aufnehmen werden.* Die Begründung für die Auflösung des Chors war der Mangel an Nachwuchs. Das Abschlusskonzert fand am 11. Juni 2017 im Festsaal des Klosters statt. Damit war eine über fünfhundert Jahre alte Tradition zu Ende gegangen.

Es wäre Aufgabe des Klosters Stift Zwettl, Klarheit darüber herzustellen, ob die Gewalttätigkeiten und pädosexuellen Übergriffe im Konvikt nur in meiner Zeit verbreitet waren, wer wann in welcher Weise in solche Praktiken verstrickt war und wer die Opfer waren. Was ist aus der Zeit bekannt, in der Pater Maurus Präfekt und Chorleiter gleichzeitig war? In diesem Zuge auch noch die verantwortlichen Wegschauer zu benennen, wäre auch nicht ganz falsch. Dann kann man sich mit einem neuen Blick der Gegenwart zuwenden. Am Ende wäre es eine christliche Selbstreinigung. Und für mich wäre es die größte Entschädigung.

Ich will mich in die Diskussion, wie viel die Kirche an finanzieller Entschädigung zu zahlen hat und ob ein Stufensystem bei den Ansprüchen sinnvoll ist, nicht einmischen. Denn ich sage mir auch: Wenn die Kirche für alle Traumata, Toten und sonstigen Schäden, die sie im Laufe ihrer Geschichte angerichtet hat, Entschädigung zahlen müsste, dann wäre sie von einem Tag auf den anderen dort angelangt, wo sie begonnen hat – bei urchristlichen Gemeinden, die inmitten von »Gottlosen« so zu leben versuchen, wie Jesus sich das vorgestellt hat. Vielleicht ist das ja ihre ferne Zukunft.

Aber ich will auch nicht auf das verzichten, was die Gesellschaft und die Kirche mir als Entschädigungsanspruch zuerkennen. Es ist, wie Brigitte Bierlein mich belehrt hat, ein Geld, das mir zusteht, natürlich nur, falls die Klasnic-Kommission mich als »Opfer von Gewalt und sexuellem Missbrauch« anerkennen sollte.

Die Wohlmeinenden werden in dieser Darstellung einen Beweis dafür sehen, dass nach wie vor die Momente einer Identifikation mit den Tätern unübersehbar sind. Andere wird es anwidern, wie da jemand seine Haut zu Markte trägt. Dieser Gedanke ist mir nicht fremd. Aber ich habe nun einmal beschlossen, da durchzugehen. Ich will mich an keine weitere Institution wenden. Helmuth Michelbach hat recht. Ich bin Schriftsteller. Mein Fall ist hiermit dokumentiert.